Leituras críticas
Ruth Verde Zein

**Pensamento da
América Latina**

Romano Guerra Editora
Nhamerica Platform

Coordenação geral
Abilio Guerra
Fernando Luiz Lara
Silvana Romano Santos

Leituras críticas
Ruth Verde Zein
Brasil 5

Organização
Abilio Guerra
Fernando Luiz Lara
Silvana Romano Santos

Coordenação editorial
Abilio Guerra
Fernanda Critelli
Fernando Luiz Lara
Silvana Romano Santos

Projeto gráfico e diagramação
Dárkon V Roque

Pré-impressão
Jorge Bastos

Leituras críticas
Ruth Verde Zein

Romano Guerra Editora
Nhamerica Platform

São Paulo, Austin, 2023
2ª edição

Índice

- 06 Prefácio à 2ª edição
- 16 Leituras críticas desenhadas
- 50 Há que se ir às coisas
- 88 Uma crítica ética e pragmática, uma teoria operativa e referenciada
- 104 A síntese como ponto de partida e não de chegada
- 116 Quando documentar não é suficiente
- 132 Não é bem assim...
- 156 Breuer e seus afetos, idas e vindas
- 172 Casos difíceis
- 186 Nulla die sine linea
- 190 Capela Brennand
- 196 Tradição moderna e cultura contemporânea
- 222 Arquitetura contemporânea da América Latina

Prefácio à 2ª edição

Este pequeno livro, lançado em português em 2018, e em inglês em 2019, vem tendo uma trajetória mais interessante do que inicialmente esperávamos.

A tiragem da primeira edição esgotou-se em menos de três anos. Trata-se de fato nem tão comum em um país onde (se diz que) se lê pouco e onde grassa o (mau) costume das cópias não autorizadas, enfraquecendo ainda mais nosso valente, mas frágil mercado editorial da área de arquitetura e urbanismo. Esse sucesso pode ter sido ajudado por se tratar de uma publicação de caráter econômico, voltada principalmente (mas não exclusivamente) para um público universitário. Alegro-me e espero que esteja sendo útil a quem já o adquiriu. Ficaria encantada em receber as considerações dos leitores, inclusive as críticas, porque é disso que se trata.

Na versão em português, *Leituras críticas* recebeu Menção Honrosa na modalidade "Livro Autoral" do Prêmio Anparq 2020, concorrendo com publicações de grande peso, volume, qualidade e alcance; entendo ter sido um excelente resultado. Reproduzo aqui, por oportuno, o parecer do júri, do qual fizeram parte colegas de várias das mais importantes universidades brasileiras, sendo coordenado por Laís Bronstein e Marcio Cotrim: "Amparada pela sua trajetória como articulista e pesquisadora, a autora examina criticamente a prática e o ensino da arquitetura, mostrando-se, de forma argumentativa para o nosso campo de conhecimento, a partir de suas vivências, análises e transformações ocorridas ao longo do seu percurso. O livro é, ao mesmo tempo, provocação e contribuição para construção do urgente e necessário debate em torno da produção da arquitetura brasileira contemporânea".

Na sua versão em inglês, o livro recebeu o prestigioso Prêmio Bruno Zevi 2020, pelo Dennis Sharp Cica Awards, outorgado pelo Comitê Internacional de Críticos de Arquitetura (neste caso, devido à pandemia de Covid-19, apenas em 2021) aos melhores livros dos três anos precedentes. O júri era composto por Joseph Rykwert, Fernando Diez,

Karen Eicker, Louise Noelle, Xing Ruan e Wilfried Wang. Sou membro dessa entidade internacional desde os anos 1980, quando seu presidente era o citado Bruno Zevi. Na época da premiação, Cica era presidida por Joseph Rykwert, e atualmente é presidida por Wilfried Wang, colega sino-alemão que me sugeriu a aplicar para o certame, e a quem agradeço o constante incentivo.

Como parece ainda haver procura pelo livro, pensamos na possibilidade de ser feita nova tiragem. A decisão por realizar, em vez disso, uma segunda edição, foi sugerida pela equipe da Romano Guerra, com grande entusiasmo. Propuseram que a publicação passasse por uma completa renovação formal, adequando o livro aos novos padrões adotados pela editora para a Coleção *Pensamento da América Latina*, da qual o livro faz parte (sendo o número cinco dessa iniciativa, que já está no número nove, e outros mais virão em breve). A coleção foi uma proposição conjunta dos colegas Fernando Luiz Lara, pela editora Nhamérica, e Abilio Guerra. Fernando é brasileiro, radicado nos Estados Unidos, professor na Universidade do Texas em Austin, na época da publicação inicial, e atualmente professor na Universidade da Pensilvânia. Abilio, como a autora, também leciona na graduação e na pós-graduação na Faculdade de Arquitetura e Urbanismo da Universidade Presbiteriana Mackenzie e fundou, em parceria com Silvana Romano, a Romano Guerra Editora. Uma casa publicadora que, ao longo de sua contínua atividade – que já conta com um quarto de século de duração –, assumiu um papel fundamental na elevação e consolidação do meio editorial da arquitetura, urbanismo e design no Brasil.

Sendo o mesmo livro, mas em edição totalmente rediagramada, abriu-se a possibilidade de inserir um caderno com imagens coloridas, como já vem acontecendo nas publicações mais recentes dessa coleção. Nesse sentido, surgiu a ideia de revisar e melhorar a apresentação dos desenhos que já haviam sido incluídos na 1ª edição. Portanto, esta nova edição conta com algumas páginas extras, na seção denominada "Leituras críticas desenhadas". Nela se valorizaram os desenhos que já havia e se incluíram outros, na forma como haviam sido originalmente produzidos, ou seja, em cores.

Na primeira edição, esses desenhos foram inseridos de maneira mais ou menos aleatória, em meio aos textos, em versão preto e branco. Entraram no corpo do livro principalmente para *aliviar* a sopa de letrinhas dos textos com alguma imagem. Naquele momento, seu potencial visual não foi totalmente aproveitado, tampouco sua razão de ser foi explicitada. A ausência de um contexto sempre dificulta o entendimento do texto. Mesmo se, como nesse caso, o texto ali se manifeste por imagens. Que são sempre muito importantes, pois sempre fazem parte da textualidade de qualquer publicação que trate de temas de arquitetura.

A origem dos desenhos é modesta e não foram pensados para um dia serem publicados. Ao elaborar a dissertação de mestrado *Arquitetura brasileira, escola paulista e as casas de Paulo Mendes da Rocha* (Propar-UFRGS, 1999)[1] e a tese de doutorado *A arquitetura da escola paulista brutalista 1953-1973* (Propar-UFRGS, 2005, Prêmio Capes 2006),[2] produzi diversos desenhos à mão e em cores, além dos desenhos técnicos vetoriais, como parte do processo de conhecimento das obras que considerei em cada caso. No mestrado, foram cuidadosamente estudadas cada uma das 44 casas selecionadas para análise; no doutorado, cada uma das 83 obras, destacadas para compor um conjunto de obras representativas, escolhidas dentre as mais de trezentas levantadas. No mestrado, todas as casas estudadas foram também redesenhadas em formato vetorial CAD, e apresentadas no volume entregue à banca, que consta no repositório da universidade. No doutorado não houve tempo hábil para cumprir plenamente com a vontade de repetir esse feito; optou-se por se utilizarem, de preferência, imagens de época para a ilustração das obras (apesar de eu as ter revisitado e informalmente fotografado a grande maioria delas).

Nesse processo de estudo dessas obras, restaram muitos croquis, que não foram incluídos no corpo da dissertação e da tese, mas que, entretanto, foram fundamentais para sua escrita. Os esboços aqui mostrados quase sempre foram realizados à mão, com lápis de cor e/ou canetinhas de ponta de feltro. Algumas vezes usam técnica mista, propondo uma interpretação gráfica sobre desenho vetorial plotado. Quando se desenha, qualquer técnica pode ser usada, e pode ser útil. Embora, pela rapidez e, principalmente, pela possibilidade de errar, de interpretar, de duvidar, de rascunhar, de corrigir e deixar tudo sobreposto, o desenho à mão contina sendo, a meu ver, a ferramenta imbatível.

Tanto os desenhos como os croquis não foram feitos como tarefas mecânicas, ou para ficarem bonitos na tese (tanto que nem foram incluídos nela). Seu propósito era o de me permitir, pela imersão profunda nas abstrações da representação bidimensional, conhecer melhor cada obra, intelectualmente – assim como as visitas a uma obra permitem conhecê-la melhor física e sensorialmente. Visitar é fundamental, sempre que possível e viável. Mas as plantas, cortes, elevações, detalhes, também são. Porque arquitetura é uma "coisa mental", como rezam os mestres do ofício pelo menos desde o Renascimento. Ao nascer mentalmente e ser registrada manual, mas abstratamente, gera traços que cristalizam conceitos e ideias, grafados em um sistema de códigos. Os quais, se bem sua função seja a de ser guia para sua materialização no espaço, simultaneamente conversam precipuamente com todo o legado das arquiteturas que a precederam. E, possivelmente, esses registros seguirão dialogando com as arquiteturas que futuramente virão, e nela tomarão referência.

Sempre achei importante, fundamental mesmo, o esforço de descrever cuidadosa e minuciosamente uma obra, antes de me lançar a interpretá-la. Volta e meia ouço colegas, inclusive pessoas que merecem meu maior respeito, dizerem, um tanto apressadamente, que uma análise de obra deve ir além de uma *mera descrição*. Sempre penso que essa pessoa diz coisas sem pensar, ou que talvez, jamais tentou realizar essa tarefa da descrição a sério. Porque, se o tivesse feito, teria percebido que não há nada de banal ou de simples nisso. A descrição literal, ou literária, de uma obra de arquitetura, se bem-feita, é um ato criativo complexo, que exige um enorme grau de disciplina e cometimento para se chegar a um resultado satisfatório. Um trabalho no qual pode-se sobejar, se ali houver muita erudição – ou, se esta não há, nos exige trabalhar para atingi-la. O ato da descrição, no melhor dos casos, resulta na percepção clara da presença oculta do objeto descrito, que revela suas dimensões físicas e não físicas na passagem entre os traços e as coisas e as escritas e as ideias. E pode refazer o vínculo das conexões que cada desenho potencialmente contém: seja com o mundo dos desenhos, seja com as tradições da arte e da arquitetura, seja com suas configurações na conformação do espaço construído das cidades. Descrever obras de arquitetura é buscar a palavra exata e a sequência justa que permita transmutar a visão de objetos tridimensionais sintéticos em uma forma de transmissão feita de caracteres lineares analíticos. Tarefa complexa: descrever é o grau zero de uma leitura crítica.

 Para se descrever, entendo que antes, como preparação indispensável, e muito prazerosa, é preciso desenhar. Ativa-se assim um portal que abre caminhos, às vezes inesperados, que nos ajudam a nos tornar aptos a mergulhar em universos que outros sonharam, e que também queremos sonhar. Em alguns desses singelos estudos aqui publicados, os desenhos se multiplicam obsessivamente até atingir um grau suficiente no meu entendimento. Em outros, o desenho é um experimento, um argumento em processo de elaboração. A mão é muito sábia, pois logra desvendar o que o olhar nem sempre revela de imediato. E, se esses croquis são interessantes, é apenas porque as obras que os inspiraram são ainda mais.

Relendo as leituras

Este livro inclui textos escritos originalmente entre 2001 e 2016, alguns publicados, outros inéditos. Embora datados, continuam sendo atuais pois tratam de temas cujo debate ainda não se esgotou, segue sendo polêmico na cena contemporânea de hoje (2023). Como explicado na "Apresentação" da 1ª edição, são textos nascidos das minhas atividades acadêmicas. E como de uma pesquisa nasce outra, de um livro surgem outros, já se desdobraram e complementaram em outras possibilidades e caminhos, mantendo sua importância nos trabalhos que venho realizando nos últimos dez anos, que seguem sendo publicados em outros livros e artigos científicos e de divulgação.

Não caberia aqui comentar cada um dos textos inclusos neste livro. Seguindo a sugestão de Umberto Eco, autores são quem menos deveriam comentar a própria obra, embora em certas circunstâncias isso seja inevitável. Ademais, qual texto privilegiar neste breve prefácio? Para não correr o risco de ter que fazer uma "escolha de Sofia", confirmo minha apreciação por meus filhos intelectuais. Entretanto, como me sobra algum espaço, algo comentarei.

As inquietações presentes no texto "Quando documentar não é suficiente", que nasceu em 2011, ainda são a base dos estudos na linha da crítica historiográfica, que se tornou um tema recorrente em minhas pesquisas e publicações posteriores. A percepção da *inércia* das estruturas interpretativas historiográficas, tornadas canônicas, como um lastro de difícil superação ao rever e ampliar o reconhecimento de outras possibilidades interpretativas, já estava ali presente. Além de constatar o problema, seguimos buscando colaborar para a superação desses paradigmas estáticos, desatualizados e preconceituosos, não mais aceitáveis no ambiente neste novo milênio: os quase sempre ocultos, mas sempre muito poderosamente presentes, vieses patriarcais, sexistas e racistas, que atravessam quase toda a historiografia da arquitetura moderna escrita no século 20, e mesmo nas primeiras décadas do século 21. Aprecio esse texto porque ele contém ironia – um estilete muito fino que penetra fundo, mas tão sutil que às vezes não é percebido como tal. A ironia e o riso são muito subversivos, como já demonstrou o citado Umberto Eco em seu romance *O nome da rosa*.[3] Seu grande perigo, e sua força, é servir para nos mostrar que, em qualquer caso, nunca devemos nos levar demasiadamente a sério.

Aproveito para comentar também a imagem da capa da primeira edição, que se relaciona com o texto "Breuer e seus afetos, idas e vindas". Trata-se de uma foto minha de um detalhe icônico de uma coluna famosa, projetada pelo arquiteto húngaro naturalizado norte-americano Marcel Breuer para a biblioteca da Universidade St. John em Collegeville, Minnesotta, Estados Unidos, visitada em 2018. A primeira versão desse texto nasceu de uma monografia produzida no começo deste século para as disciplinas do curso de doutorado; uma versão mais compacta foi apresentada em um seminário internacional em 2013. Tenho particular apreço pela obra desse arquiteto, como já contei no artigo "Sol, sombra e fã", publicado na revista *Summa+*, onde comento minha visita, em um dia de calor intenso, ao Begrish Auditorium da Universidade do Bronx, em Nova York.[4] Breuer foi uma figura esquecida pelas historiografias canônicas, que se limitavam a mencionar seu período Bauhaus, sua colaboração com Gropius (sem nunca comentar que era ele, de fato, quem projetava), e o edifício da Unesco de meados dos anos 1950 – como se sua obra tivesse parado ali, quando, de fato, ele produziu obras de grande interesse em seus últimos vinte anos de trabalho profissional até a década de 1980. Na época do seu centenário (2002), foram publicados alguns livros-coletâneas sobre sua obra; a meu ver, nenhum percebia plenamente a importância de sua contribuição para a arquitetura do século 20, inclusive em todo o mundo; motivo pelo qual me arrisquei a realizar aquela monografia inicial. Desde então, esse vazio foi superado com o livro organizado por

Barry Bergdoll e Jonathan Massey, *Marcel Breuer: Building Global Institutions*.[5] Um cuidadoso trabalho de pesquisa em fontes originais, que finalmente posiciona Breuer na sua devida grandeza. Mas o artigo, além de celebrar Breuer, realiza uma leitura cruzada com as obras de Oscar Niemeyer. E sugere, pelo cotejamento das datas, que as famigeradas *influências* se entrecruzam, e podem muito bem e de fato ocorrem no sentido Sul-Norte com muito mais frequência do que se costuma registrar. Nesse sentido, esse artigo é uma demonstração modesta de uma possibilidade de armar-se as histórias da arquitetura moderna de maneira não hierárquica. E, sim, considerando os diálogos constantes das redes mundiais de arquitetos, mais através de suas obras do que de seus discursos ou dos discursos dos historiadores imperialistas.

Para finalizar, e me contrariando, declaro uma preferência, ou um caso dileto. Se tivesse que escolher apenas um texto, de todo o livro, seria o que tem a menor dimensão linear. E que só pode ser compreendido a partir de um croqui, que o texto descreve e parafraseia. O texto "Nulla die sine linea" (ou "Nenhum dia sem uma linha"), nasceu como uma homenagem feita ainda em vida ao mestre arquiteto Paulo Mendes da Rocha (1928-2021). Escolho-o aqui para repercutir e novamente prestar meus respeitos por essa pessoa extraordinária, com quem tive o prazer de, ainda que brevemente, conviver. Cujas obras, nem todas, mas muitas delas, redesenhei com cuidado. Para meu prazer e, certamente, minha iluminação.

Ruth Verde Zein
19/07/2023

Notas

1. ZEIN, Ruth Verde. *Arquitetura brasileira, escola paulista e as casas de Paulo Mendes da Rocha*. Orientador Carlos Eduardo Dias Comas. Dissertação de mestrado. Porto Alegre, UFRGS, 2000 <https://bit.ly/44WDLQi>.
2. ZEIN, Ruth Verde. *A arquitetura da escola paulista brutalista 1953-1973*. Orientador Carlos Eduardo Dias Comas. Tese de doutorado. Porto Alegre, UFRGS, 2005 <https://bit.ly/3Nexicy>.
3. ECO, Umberto (1980). *O nome da rosa*. Rio de Janeiro, Record, 2017.
4. ZEIN, Ruth Verde. Sol, sombra e fã. *Summa+*, n. 120, Buenos Aires, 2012, p. 134-135.
5. BERGDOLL, Barry; MASSEY, Jonathan (Orgs.). *Marcel Breuer: Building Global Institutions*. Zurique, Lars Müller, 2018.

Leituras críticas desenhadas

Casa na praia do Mar Casado, Guarujá SP, 1964, arquiteto Eduardo Longo

Casa Boris Fausto, São Paulo SP, 1961, arquiteto Sérgio Ferro
Casa Manoel Mendes André, São Paulo SP, 1966, arquiteto João Baptista Vilanova Artigas
Casa Roberto Milan, São Paulo SP, 1960, arquiteto Carlos Millan
Casa Cleômenes Batista, São Paulo SP, 1964, arquiteto Rodrigo Brotero Lefèvre

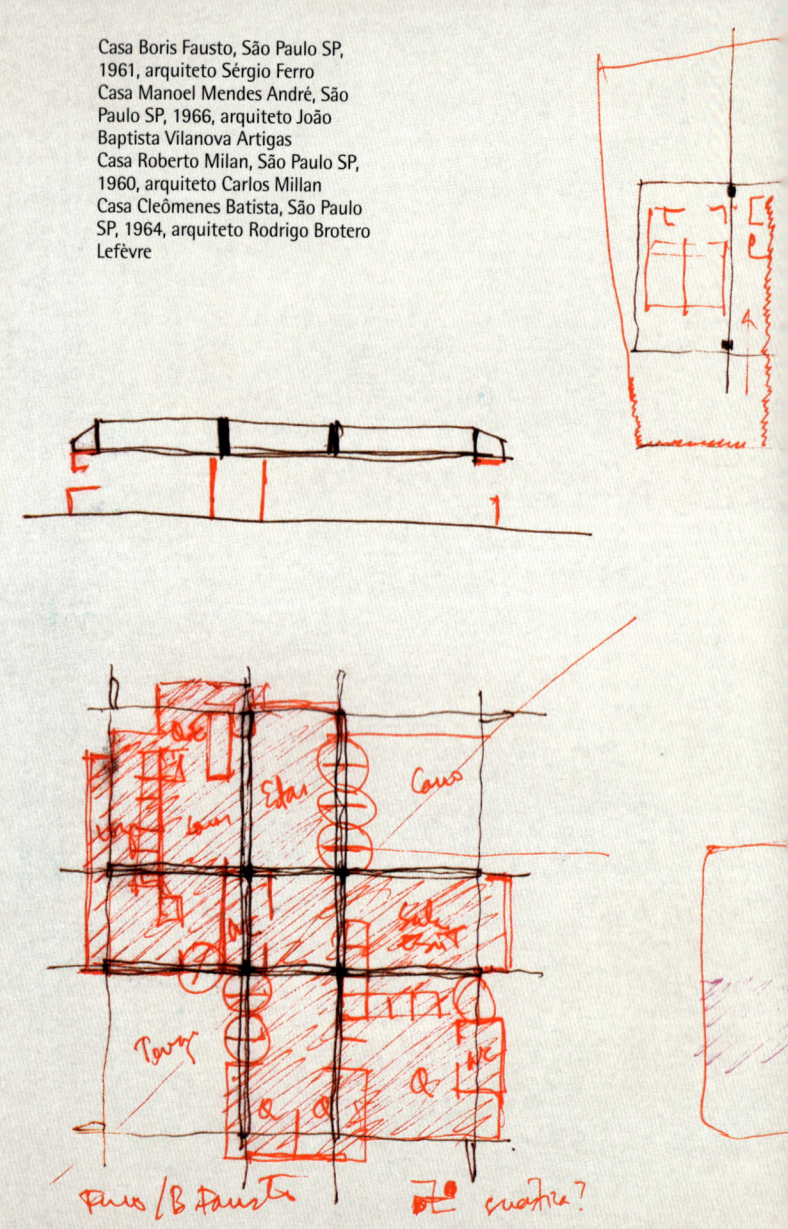

Casa Elza Berquó, São Paulo SP,
1967, arquiteto João Baptista
Vilanova Artigas

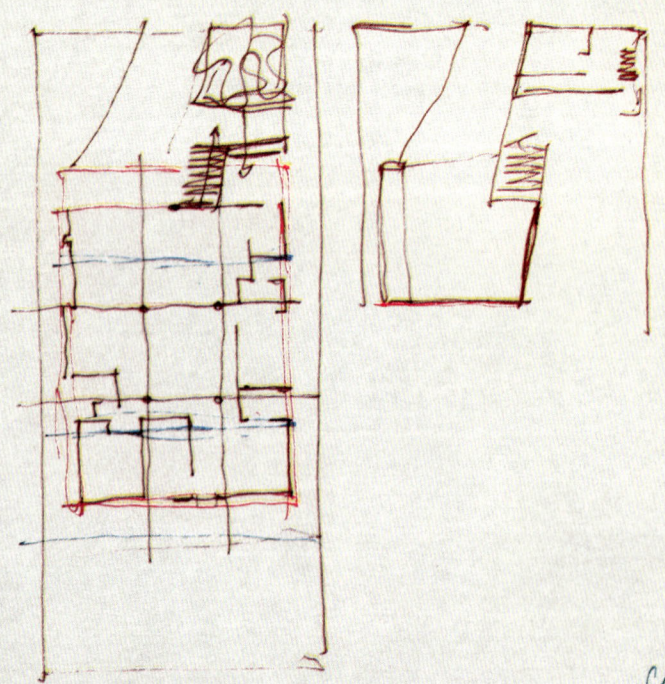

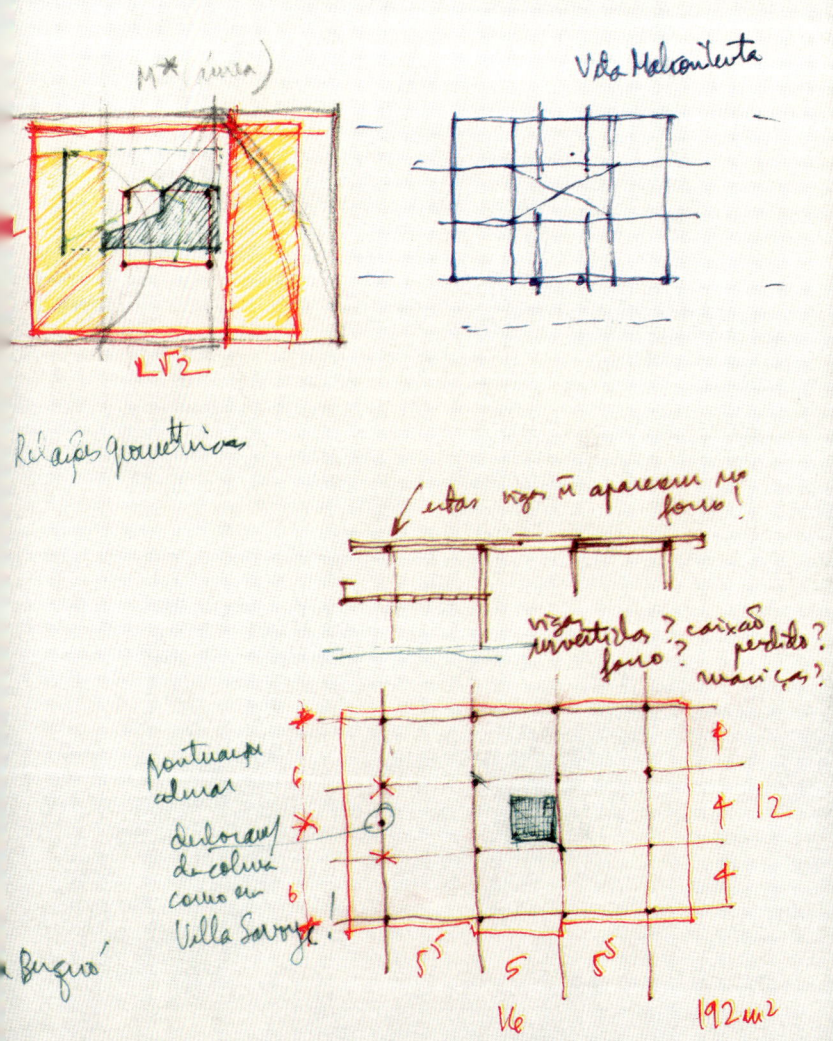

Sede do Anhembi Tênis Clube, São Paulo SP, 1961, arquitetos João Baptista Vilanova Artigas e Carlos Cascaldi

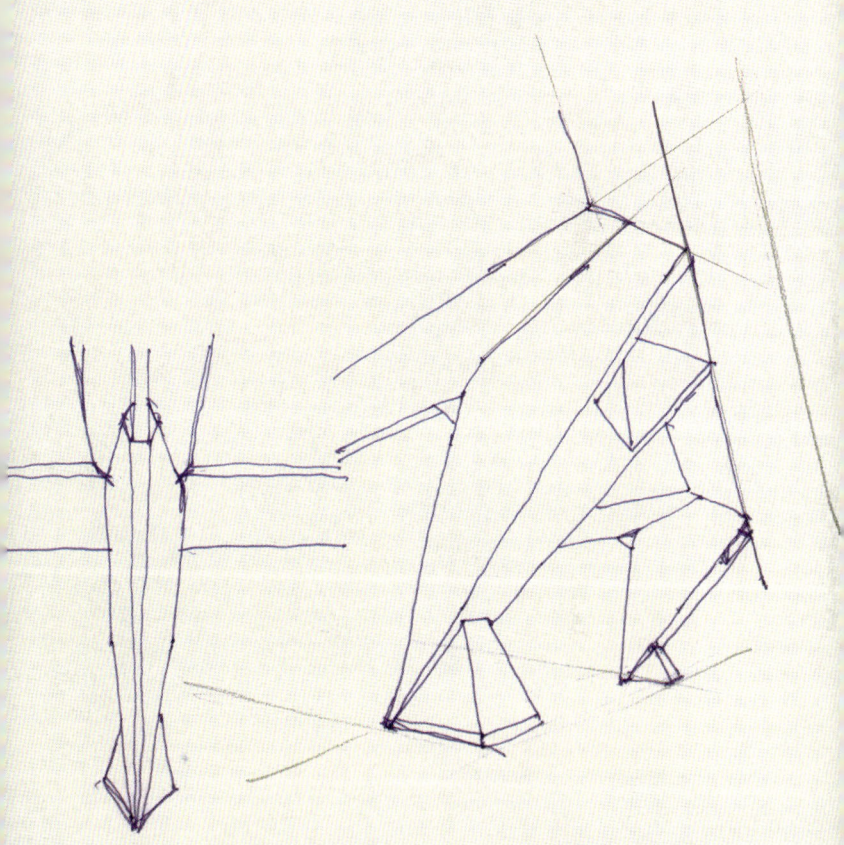

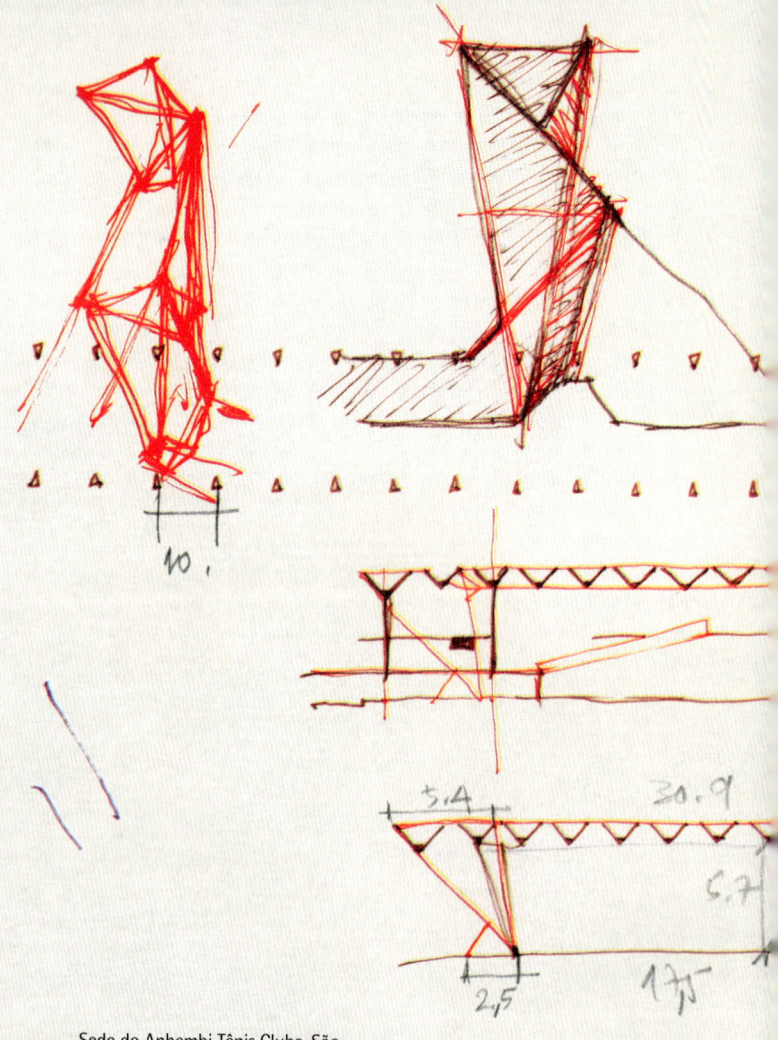

Sede do Anhembi Tênis Clube, São Paulo SP, 1961, arquitetos João Baptista Vilanova Artigas e Carlos Cascaldi

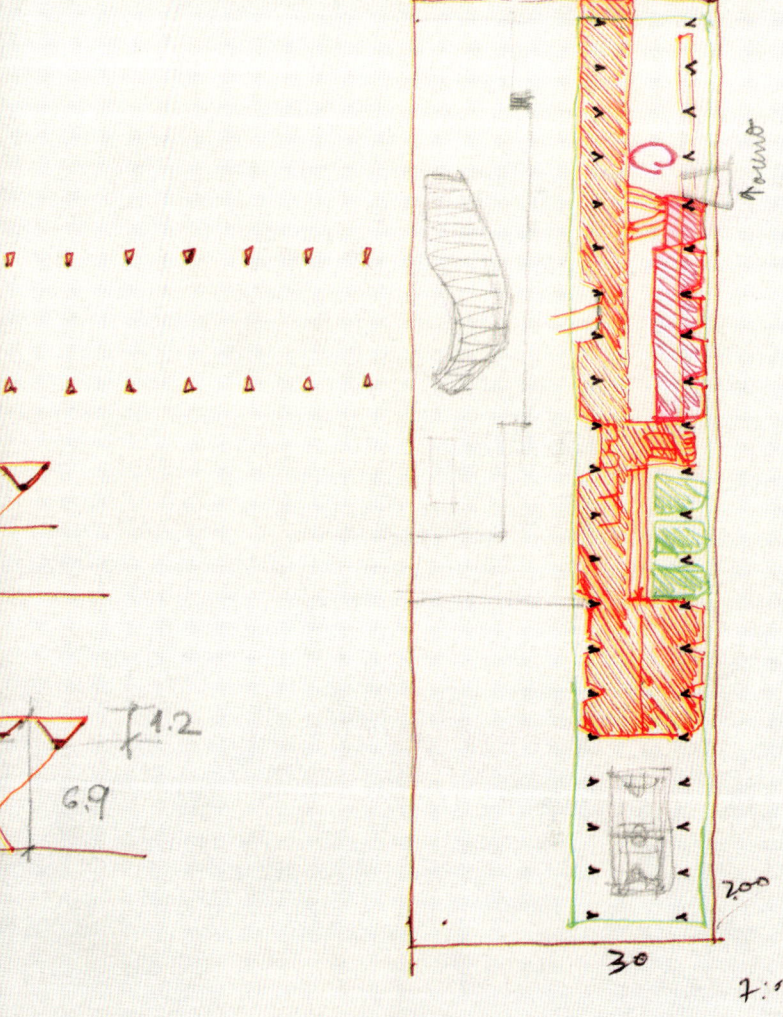

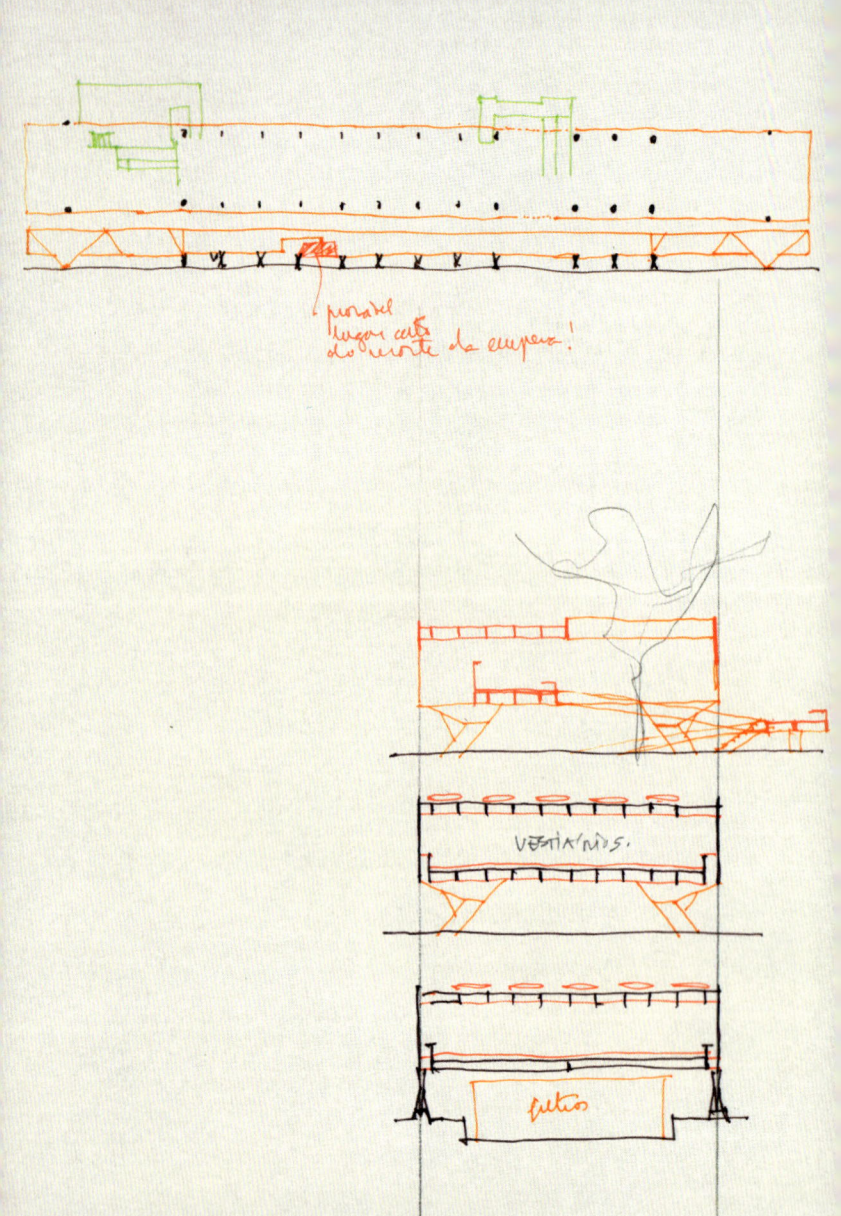

Vestiários do São Paulo Futebol
Clube, São Paulo SP, 1961, arquitetos
João Baptista Vilanova Artigas e
Carlos Cascaldi

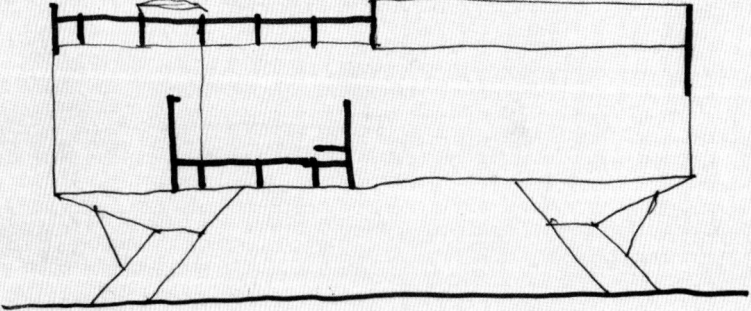

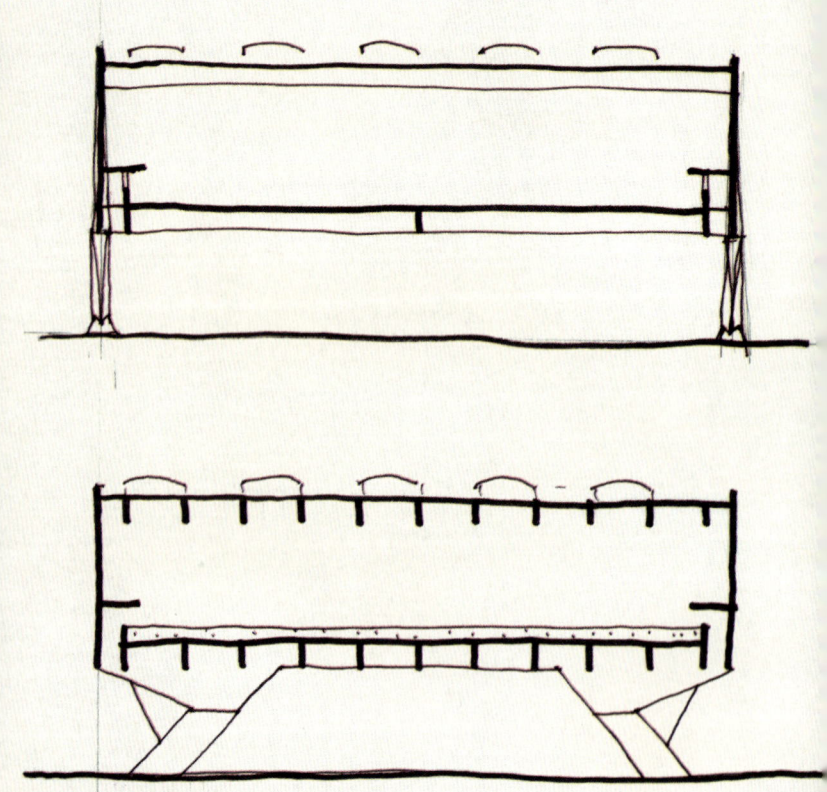

Vestiários do São Paulo Futebol Clube, São Paulo SP, 1961, arquitetos João Baptista Vilanova Artigas e Carlos Cascaldi

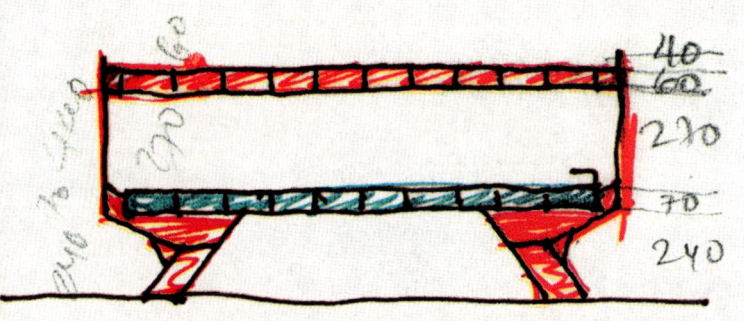
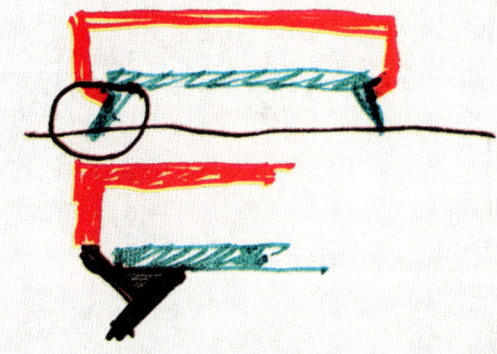

Vestiários do São Paulo Futebol
Clube, São Paulo SP, 1961, arquitetos
João Baptista Vilanova Artigas e
Carlos Cascaldi

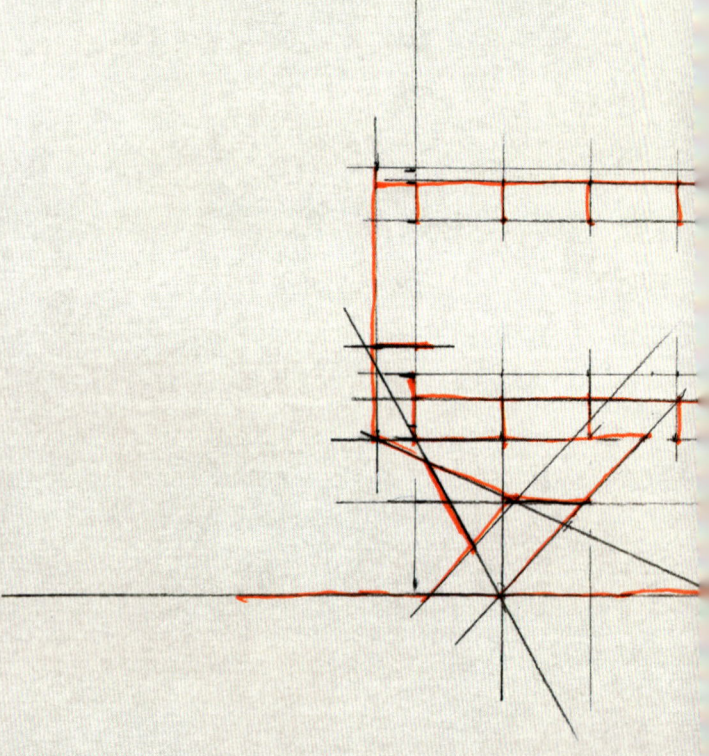

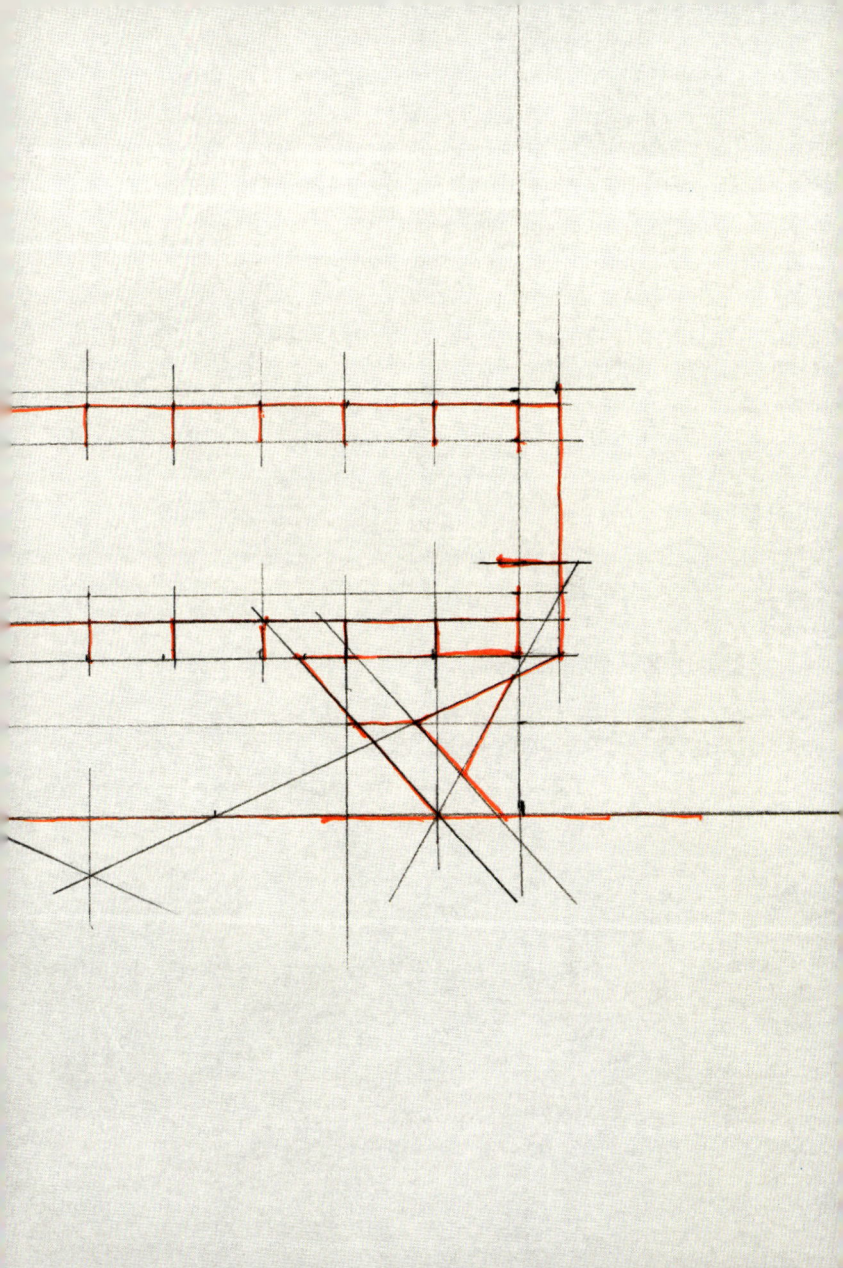

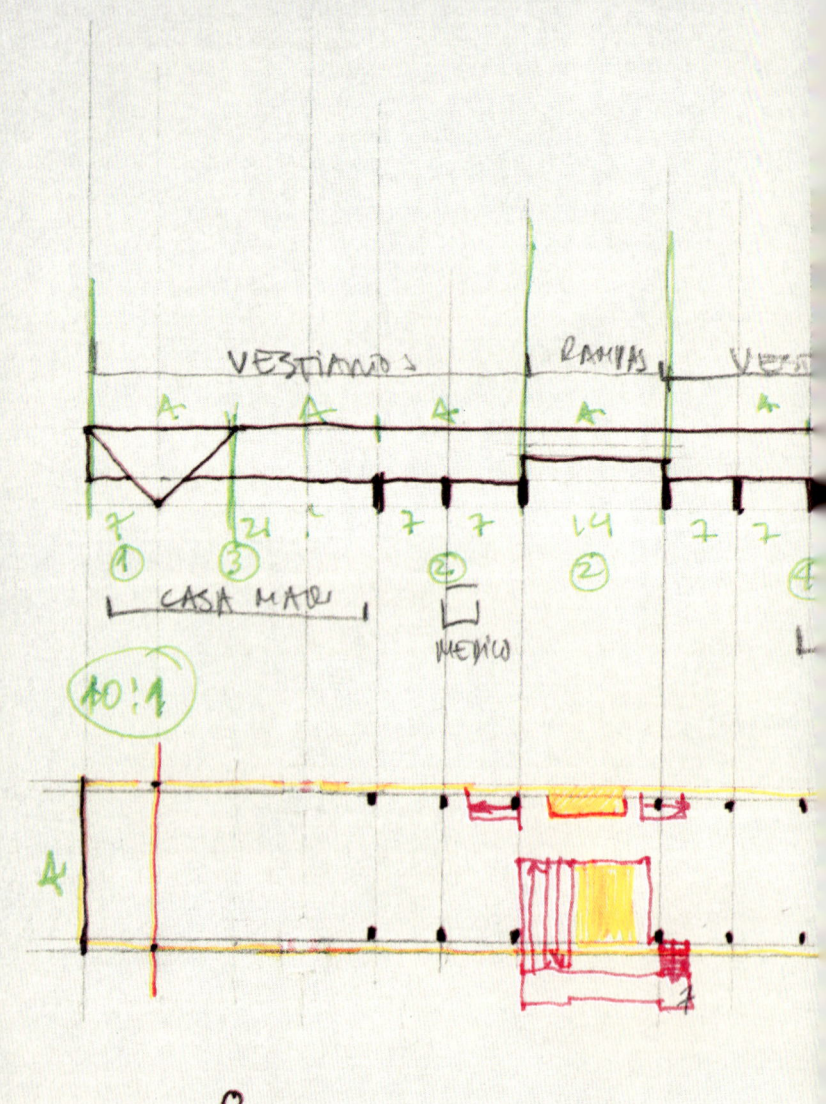

Vestiários do São Paulo Futebol Clube, São Paulo SP, 1961, arquitetos João Baptista Vilanova Artigas e Carlos Cascaldi

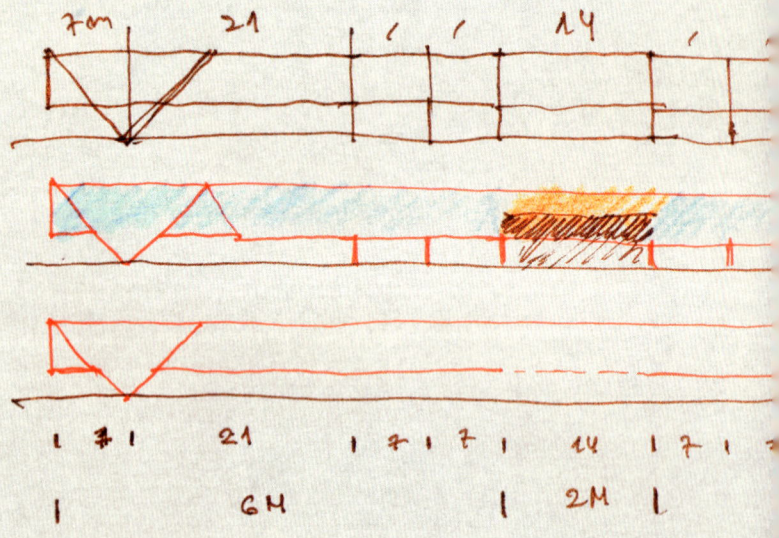

Vestiários do São Paulo Futebol Clube, São Paulo SP, 1961, arquitetos João Baptista Vilanova Artigas e Carlos Cascaldi

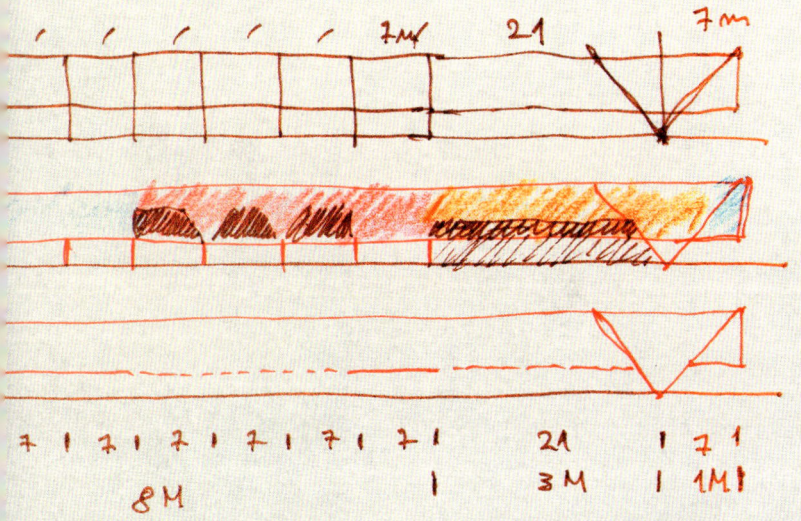

7 1 7 1 7 1 7 1 7 1 7 1   21   1 7 1
   8M   1   3M   1 1M1

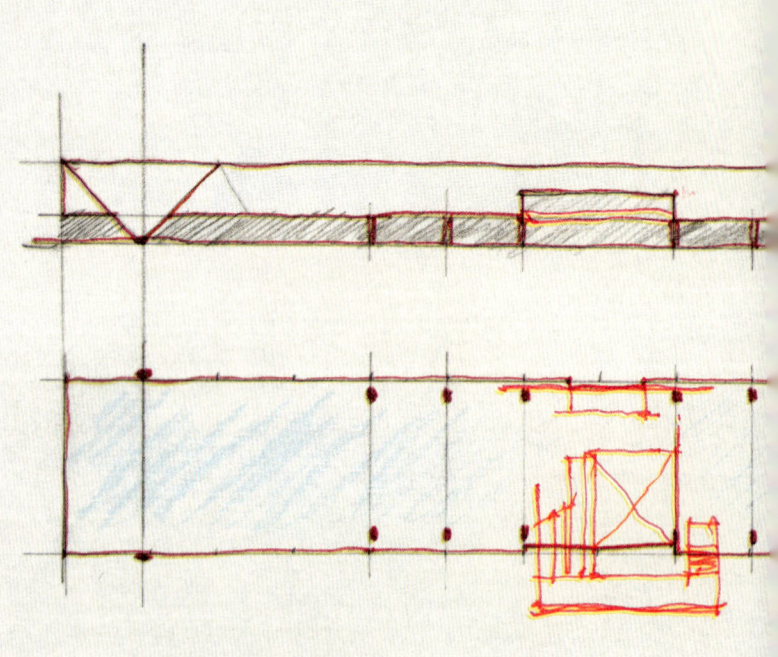

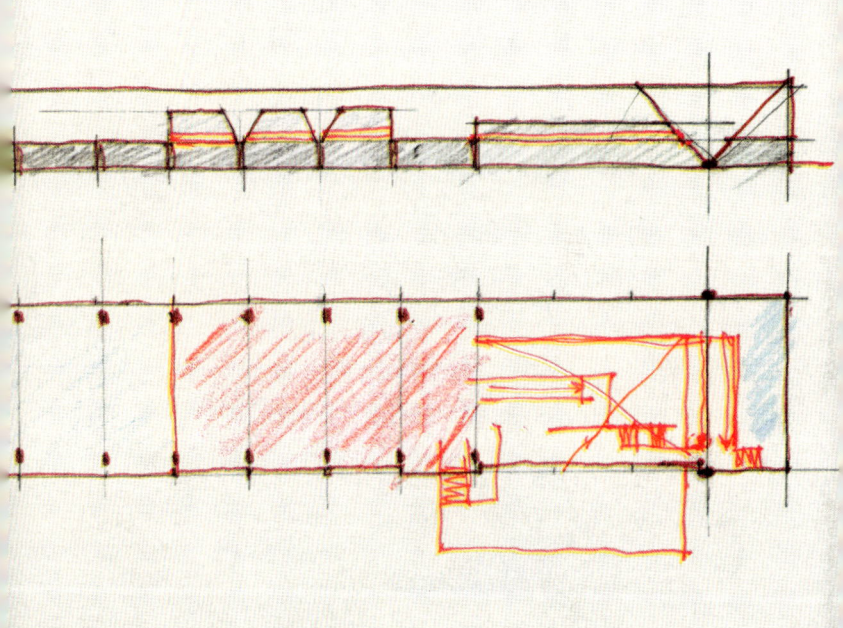

Vestiários do São Paulo Futebol Clube, São Paulo SP, 1961, arquitetos João Baptista Vilanova Artigas e Carlos Cascaldi

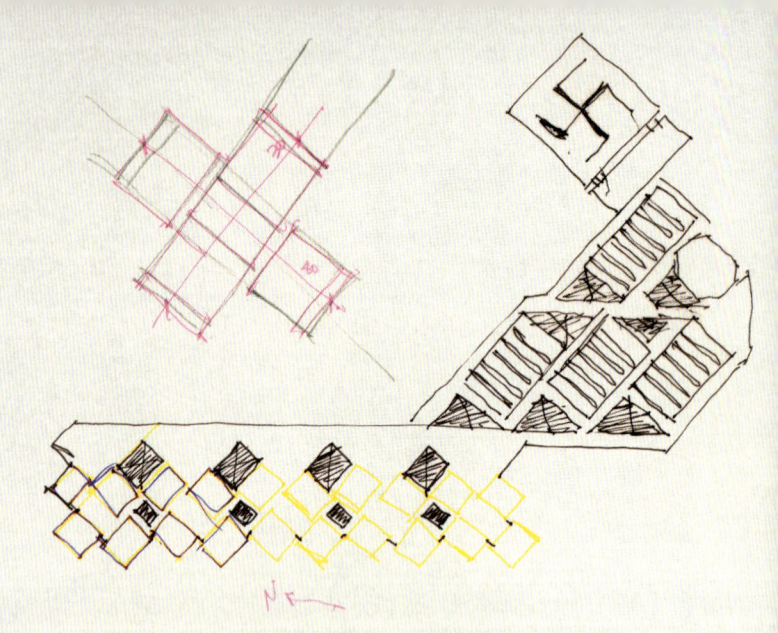

Colégio Miguel de Cervantes, São Paulo SP, 1973, escritório Rino Levi Arquitetos Associados

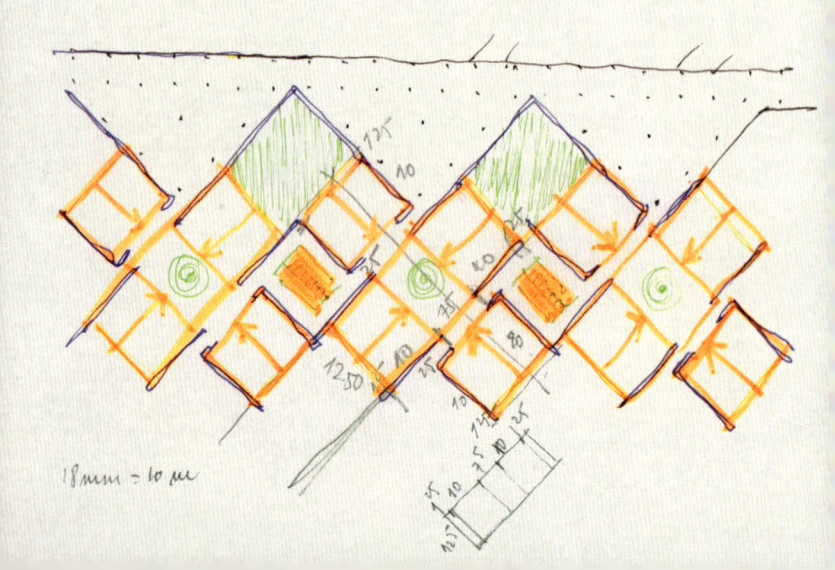

18mm = 10 m

EEPG Nicolau Novaes de Barros, São Paulo SP, 1973, arquitetos Plinio Croce, Roberto Aflalo, Giancarlo Gasperini

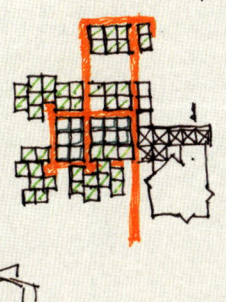

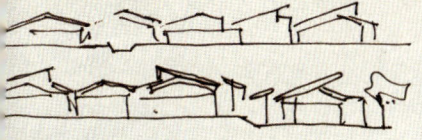

Núcleo de Educação Infantil do
Jardim Calux, São Paulo SP, 1972,
arquiteto Paulo Mendes da Rocha

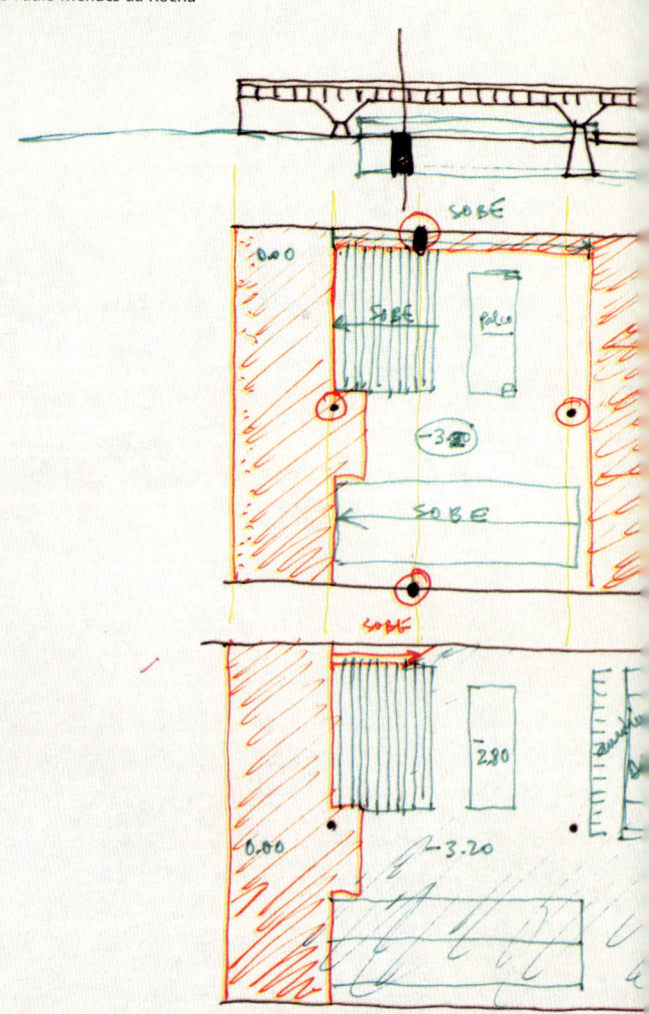

cota 0.00

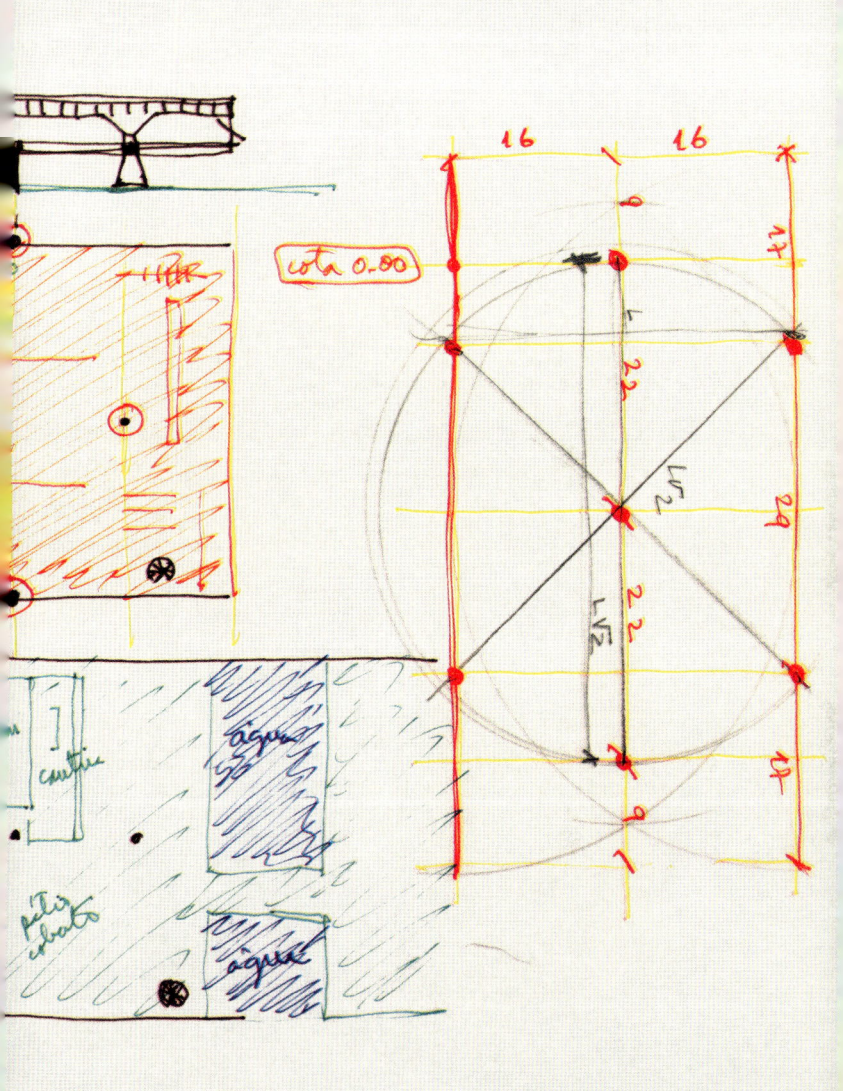

Casa Antônio Junqueira de Azevedo, São Paulo SP, 1976, arquiteto Paulo Mendes da Rocha

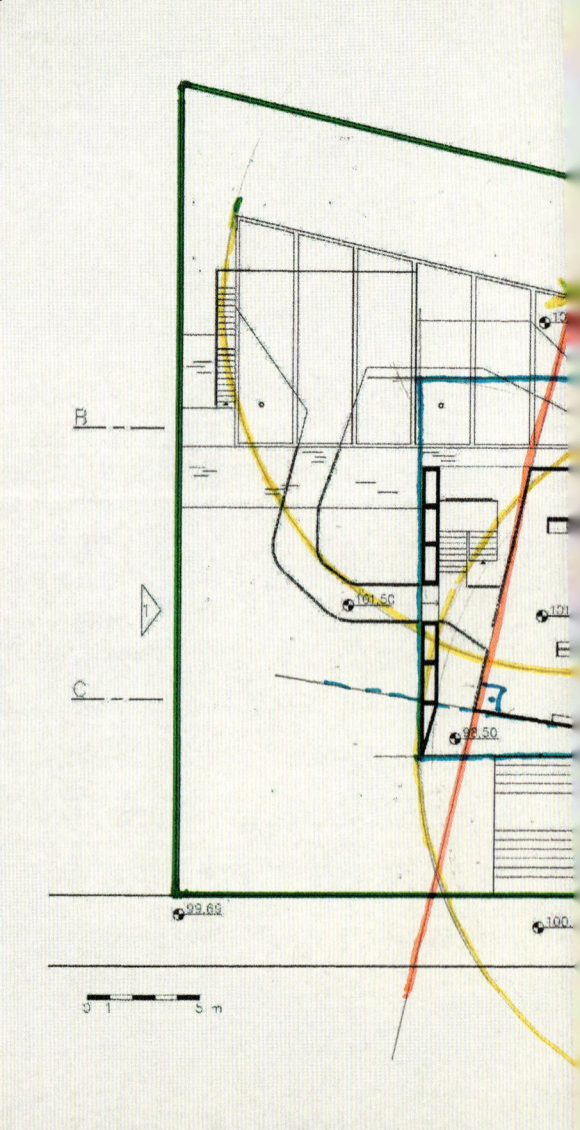

NORTE

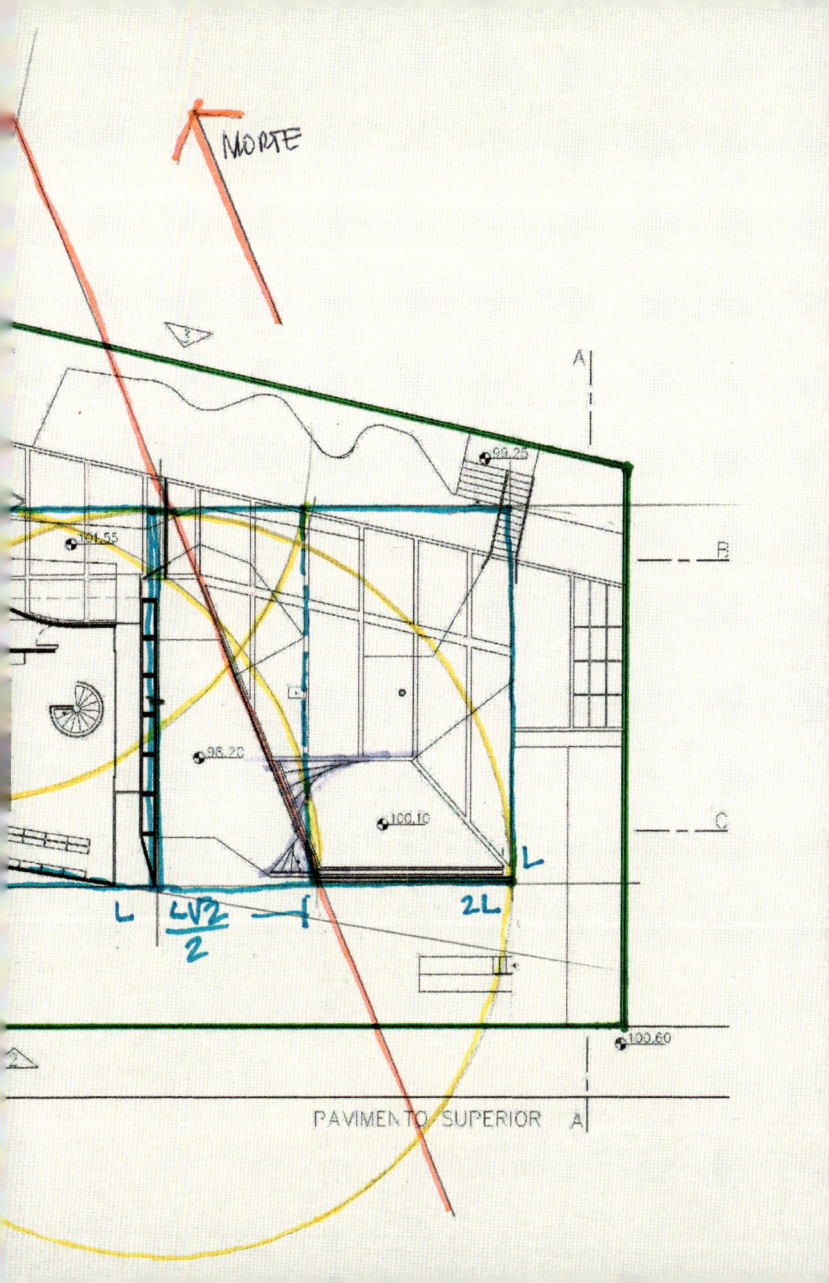

A
B
C

L $\frac{L\sqrt{2}}{2}$ 2L

PAVIMENTO SUPERIOR A

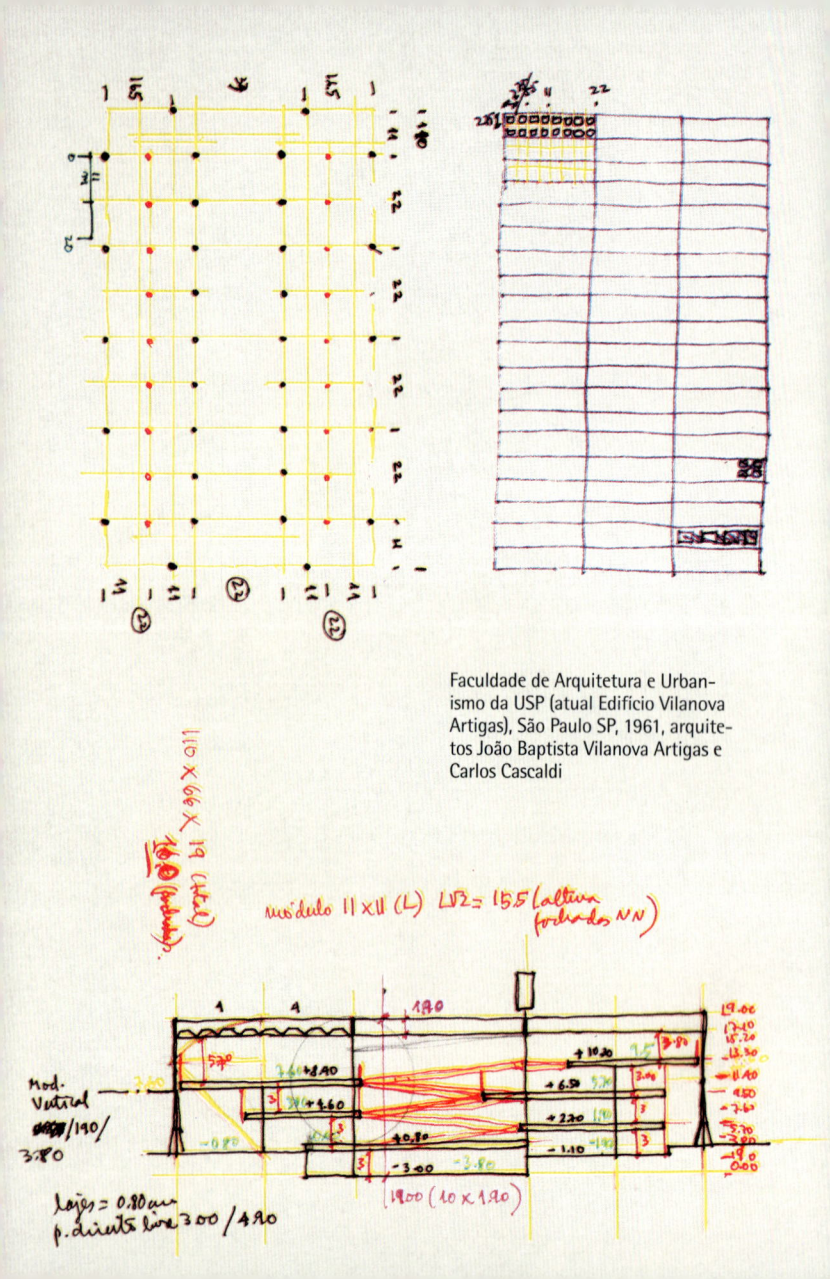

Faculdade de Arquitetura e Urbanismo da USP (atual Edifício Vilanova Artigas), São Paulo SP, 1961, arquitetos João Baptista Vilanova Artigas e Carlos Cascaldi

Museu de Arte Contemporânea da USP, São Paulo SP, 1975, arquitetos Paulo Mendes da Rocha, Jorge Wilheim, Leo Tomchinsky

Rodoviária de Jaú, Jaú SP, 1973, arquiteto João Baptista Vilanova Artigas

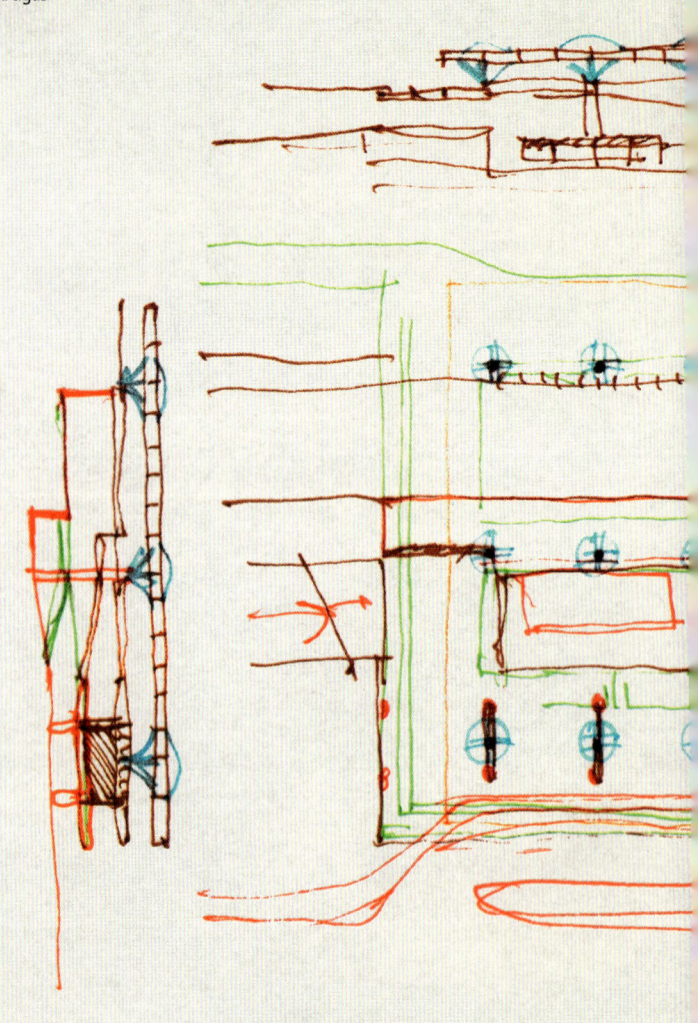

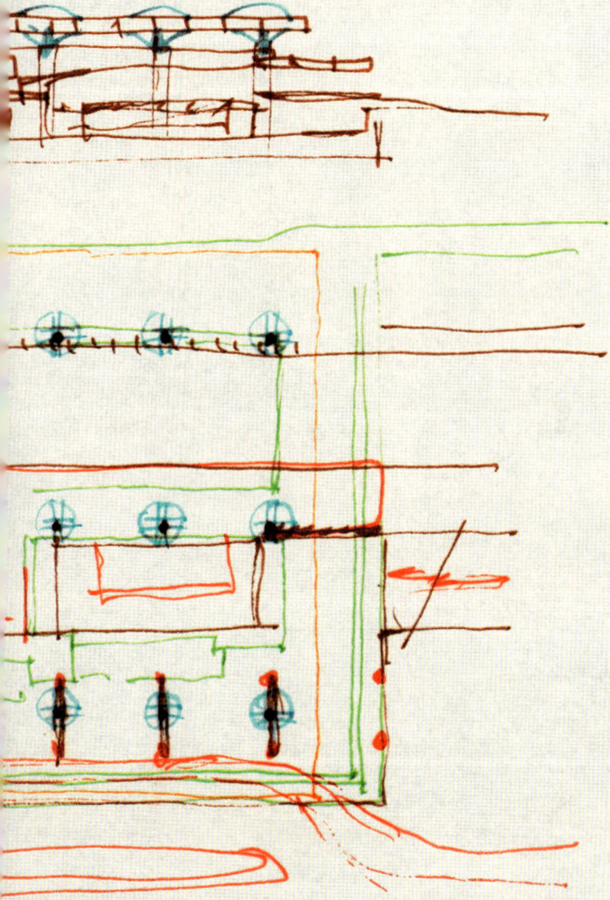

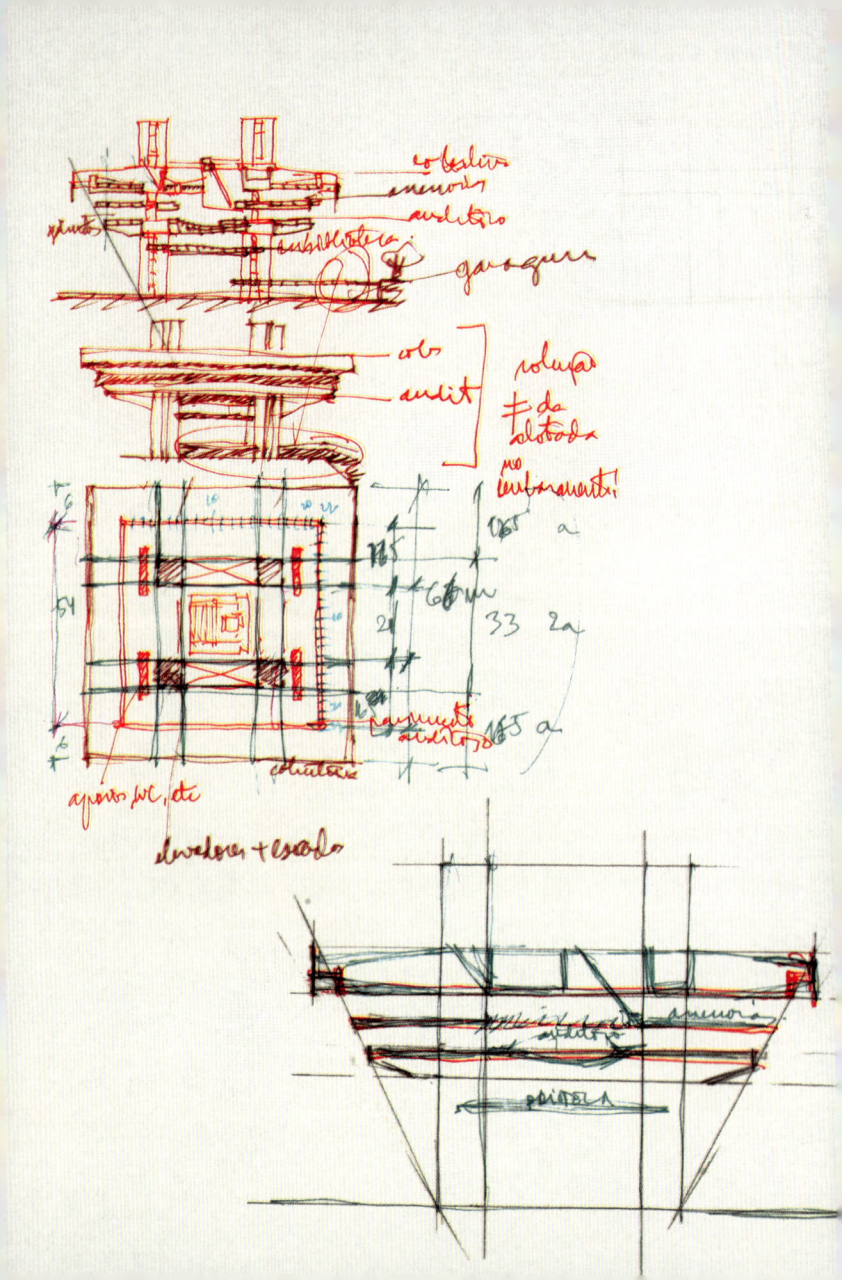

cobertura
anexos
auditório
audiovisuoteca
garagem

obs
audit } solução ≠ da abóbada no cerramento

hammans auditório

apoios WC, etc
cobertura
elevadores + escada

anexos
audit
PORTELA

Tribunal de Contas de São Paulo, São Paulo SP, 1971, arquitetos Plinio Croce, Roberto Aflalo, Giancarlo Gasperini

Há que se ir às coisas
Revendo as obras

A nova geração desfruta de uma esplêndida dose de foça vital, condição primeira de toda empresa histórica; é o que espero dela. Mas, às vezes, suspeito que carece completamente de disciplina interna, sem a qual a força se desagrega e volatiza; por isso desconfio dela. Curiosidade não basta para se ir às coisas; é necessário rigor mental para se fazer dono delas.
Jose Ortega y Gasset, Carta a un joven argentino que estudia filosofia.[1]

Como se faz uma análise de obra? Tenho escutado com alguma frequência essa pergunta, quase sempre após apresentar em aulas, congressos e seminários meus próprios estudos referenciados sobre algumas obras da arquitetura moderna e contemporânea. O assunto parece ser evidente, e dispensar maiores explicações – afinal, a tarefa de analisar uma obra não é exatamente coisa nova, já que variados autores desde muito a cumprem e muitos professores cotidianamente a realizam. Mas, mesmo assim, a pergunta parece surgir, e até com mais intensidade quando complemento essas explanações com algumas considerações sobre a possibilidade – e mesmo, a necessidade – de se incrementar esse tipo de reflexão teórico-prática como ferramenta básica de exploração de certas potencialidades do campo, ainda em construção (mas que já vem sendo palmilhado por muitos) da pesquisa em projeto de arquitetura. Ou seja, quando se levanta a hipótese de que esse tipo de estudo pode servir – ou mais precisamente, já vem há algum tempo servindo – como ferramenta metodológica indispensável na conexão entre pesquisa e projeto. Ademais, se o interesse pelo tema da análise de obra enquanto modus operandi de pesquisa se confirmar e essa proposta vier a ser adotada por mais pesquisadores, com frequência mais habitual, talvez convenha desde já buscar compreender melhor sua natureza e sistematizar mais claramente sua amplitude e abrangência.

Baseada apenas na minha experiência pessoal de participação em variados eventos brasileiros e internacionais, arriscaria dizer que, de fato, parece haver nos últimos tempos um certo aumento de interesse sobre o tema da *pesquisa em projeto* e sobre o tema da *análise de obras*. Talvez essa dupla atração indique estar aumentando o interesse por um certo e instigante horizonte utópico, quem sabe uma quimera: a possibilidade de conectar de maneira profunda, concertada, sistemática e clara, pesquisa e projeto, teoria e projeto, crítica e projeto. Ou dizendo de outra maneira: a possibilidade de aproveitar, no campo investigativo acadêmico, duas ferramentas de trabalho familiares aos arquitetos – a reflexão crítica e a ponderação teórica – que de certa maneira, e nos melhores casos, tendem a transbordar do ato da produção projetual.[2]

Seria então conveniente, ou mesmo possível, estabelecer algum método simples e razoável, que pudesse auxiliar-nos – e principalmente, orientar jovens pesquisadores – a melhor estudar e compreender uma obra de arquitetura, entendendo essa tarefa como método de abordagem para a ampliação do conhecimento arquitetônico, no âmbito do universo acadêmico da pesquisa em arquitetura?

Naturalmente deve-se renunciar, por ser façanha filosoficamente impossível, qualquer tentativa de se compreender qualquer obra de arquitetura em sua plenitude. Mas quem sabe ao menos não seria possível estabelecer algum método claro, verificável, transmissível e plausível para se proceder a um estudo, a uma análise, a um mais amplo reconhecimento de uma obra, tomando como fundamento o conhecimento técnico e profissional que a faz vir ao mundo, como concepção e como construção, com vistas a ativar caminhos investigativos bem embasados e produtivos? Se assim for, valeria sugerir, para auxiliar quem se inicia nessas lides, algum tipo de checklist? Talvez fosse possível organizar alguns passos progressivos? Quem sabe conviria propor um vade-mécum? E afinal – ou melhor, primeiramente – o que se entende exatamente por uma análise, ou por um reconhecimento crítico referenciado, de uma obra arquitetônica?[3]

Comecemos pelas definições, ou melhor, estabelecendo alguns limites. A palavra análise significa, nos dicionários correntes da língua, um exame detalhado dos elementos e da estrutura de um determinado fenômeno; mas também significa separar ou dividir algo (objeto ou ideia) em suas partes constituintes; nesse caso, talvez na ilusão de que o conhecimento isolado de cada parte, ao ser novamente somado, venha a resultar no conhecimento pleno do todo. Poderia adotar aqui o primeiro sentido, mas não aceito em absoluto o segundo: reduzir qualquer arquitetura a um jogo mecânico de partes de maneira alguma pode garantir a compreensão de seu sentido total, e pode até mesmo atrapalhar grandemente a compreensão daquilo que será realmente importante nessa obra – e que pode estar em todas partes, mas simultaneamente não estar em parte alguma. Então, para evitar equívocos, talvez fosse melhor, por enquanto, afastar da arena a palavra análise e adotar uma expressão mais extensa e algo mais preciso.

Vou então repropor a pergunta inicial, nos termos que eu gostaria que ela me tivesse sido dirigida: como se faz para se atingir um certo nível de reconhecimento crítico e referenciado de uma obra, que permita conhecê-la em maior profundidade, no seio de uma pesquisa acadêmica, e com a finalidade de... De quê mesmo? Para qual objetivo mesmo? Bem, essa sim talvez seja a questão ainda mais básica e fundamental; e por assim considerá-la necessito que seja claramente enunciada e respondida.

Não entendo essa tarefa de reconhecimento crítico de uma obra como um fim em si, mas como um instrumento para abrir outras portas. Por isso insisto em agregar a palavra referenciado à definição complexa que proponho em substituição ao termo análise de obras. É preciso deixar claro esse aspecto, ou não haverá respostas satisfatórias à pergunta que me foi proposta, pois quem pergunta e eu mesma podemos estar falando de assuntos diferentes, de objetivos diferentes, de expectativas diferentes, ou nos perguntando coisas distintas – até sem nos darmos muita conta disso.

Para falar nos motivos, cabe aqui uma muito breve, mas necessária, digressão.

Em seu texto já clássico publicado inicialmente em 1986 "Ideologia modernista e ensino de projeto arquitetônico: duas proposições em conflito",[4] Carlos Eduardo Dias Comas demonstra a necessidade de haver um reconhecimento crítico e referenciado de um variado repertório de obras como base indispensável para a solução de problemas de projeto, e como ferramenta também indispensável ao ensino de projeto. Ainda conforme Comas – seguindo as lições de seus mestres Collin Rowe e Alan Colqhoun – o reconhecimento crítico e aprofundado de um amplo repertório de obras não é amanhado e oportunamente invocado apenas para ilustrar um ponto genérico, ou somente para exibir erudição, nem apenas para conhecer essas obras *em si mesmas*. Mas, sim, para que, ao ser invocadas, possam iluminar o cenário criativo em que se desenvolve nosso projeto; seja nos advertindo contra eventuais escolhas, seja nos abrindo possibilidades preferenciais que ativem e/ou contrabalanceiem momentos críticos desse processo criativo. A presença catalisadora do reconhecimento de outras obras no processo de projetação da nossa obra é também re-conhecimento crítico, pois é o resultado e a manifestação de alguns critérios (explícitos ou não), que nos induziram a efetuar uma seleção de obras, definindo aquelas que nos convêm ou nos interessa estudar, ad hoc, no caso. Trata-se, portanto, de um conhecimento referenciado, em dupla mão de direção: porque me referencia, e porque minhas referências o buscam.

Mas seria possível buscar re-conhecer as obras em si mesmas? Ou seja, de maneira não referenciada e, sim, absoluta? Seria essa talvez a situação que se enfrenta quando o estudo referenciado dessas obras não é sugerido pela tarefa de projetar uma obra, mas, sim, de elaborar um mestrado, um artigo, um texto, uma aula, uma tese – ou seja, quando o ambiente de trabalho é essencialmente acadêmico e não profissional ou profissionalizante? A meu ver, parece que não. Ou melhor, proponho-me aqui a defender a postura inversa: que todo reconhecimento é necessariamente referenciado, estejamos ou não nos dando conta disso de imediato – e num trabalho acadêmico sério e rigoroso, dar-se conta dos processos é obrigação básica e iniludível. E assim sendo, a primeira pergunta de um possível vade-mécum que não existe, e que não vou propor, poderia ser: porque quero compreender melhor esta obra, ou este conjunto de obras? Para qual cozido as estou invocando?

Há também uma segunda pergunta importante a fazer. Se estamos buscando elaborar, no seio da arena acadêmica, quais sejam os possíveis elementos que nos permitam construir um *reconhecimento crítico referenciado* de algumas obras de arquitetura, há que se admitir que estas obras foram, por sua vez, elaboradas através de métodos projetuais consuetudinários do campo profissional dos arquitetos. Ou seja, que originalmente tais obras se projetaram principalmente através de elementos não verbais ou não textuais – tais como desenhos, croquis, maquetes, modelos de teste etc. Se assim é, seria possível (ou até mais correto?) realizarmos esse reconhecimento crítico referenciado principalmente (ou exclusivamente?) através do emprego das mesmas ferramentas não textuais/verbais (desenhos etc.)? E seria possível, ademais, chegar a dispensar completamente o apoio de elementos verbais e textuais?

Minha posição, também aqui, é contrária: parece que não. E a defendo invocando pelo menos dois motivos. Primeiro, porque parece mais ou menos evidente que os arquitetos, quando projetamos, tampouco dispensamos o auxílio de elementos verbais e textuais no processo mesmo de projeto – e não apenas no momento posterior de sua explicitação ou divulgação a terceiros, quando sem dúvida sua presença é mais costumeira. E, em segundo lugar, porque um trabalho de reconhecimento crítico, sempre quando seja elaborado no seio da academia, deve atentar para a razão de ser das academias – que é fundamentalmente tornar-se um espaço para a divulgação e disseminação dos conhecimentos que cada um dos seus membros produz – inicialmente a todos os seus membros, que validarão ou contestarão tais conhecimentos; e assim provados e validados, tais conhecimentos podem e devem ser divulgados ao mundo, e pelo mundo aproveitados, quando for o caso.

Sendo assim, um motivo justo para demonstrar a necessidade de, num trabalho de reconhecimento crítico e referenciado de obras, sempre se combinar elementos textuais e não textuais, é que, afinal de contas, nem todo o mundo tem ou precisa ter o treinamento adequado para compreender plenamente as linguagens não-verbais usuais dos arquitetos (ou por extensão, os jargões de uma determinada área profissional); mas a grande maioria das pessoas será capaz de compreender arrazoados textuais e verbais, apoiados em maior ou menor grau por elementos não textuais. Esse motivo – a utilidade pública – já bastaria, a meu ver, para confirmar a necessidade de empregarmos, em tais estudos, junto com os elementos não textuais, outros verbais e textuais que apoiem, confirmem e mesmo redundem, para que o conhecimento se faça claro. Não nos bastamos, nem devemos nos isolar: se temos algo a dizer é nosso dever sermos claros e dizer a todos: aos pares, aos jovens iniciantes, aos leigos interessados, ao campo de conhecimento etc.

Ademais, ao nos explicarmos, ao renunciarmos à prepotência de imaginar que nossa área de conhecimento é inefável, e ao nos dispormos a ser claros e comunicativos, podemos abrir a possibilidade de sermos contestados – o que é, em princípio, a condição adequada de vida inteligente do debate acadêmico. Esse é outro ponto fundamental que é preciso aceitar, e que diferencia a prática profissional em arquitetura da prática profissional em pesquisa. A pretensa inefabilidade do que fazer arquitetônico pode ser tolerada na vida profissional sempre quando o cliente se mostre plenamente satisfeito com os resultados, assim mesmo. Mas o cliente, no caso da pesquisa acadêmica, é um coletivo indeterminado e aberto; assim, não se pode por definição aceitar tal incomunicabilidade.

Todo conhecimento inefável pode até ser muito valioso para quem o detém; mas não sendo transmissível falha na missão de ser divulgado, compartilhado, contestado e referendado; e de, eventualmente, vir a beneficiar uma comunidade mais ampla – razão de ser, afinal, da pesquisa. E por último – mas não menos importante – precisamos nos fazer claros para que sejamos compreendidos por outros ramos da pesquisa acadêmica – que, queiramos ou não, também opinam sobre a qualidade e pertinência de nossas pesquisas, e também colaboram para definir se elas devem ser aceitas e validadas. Ou seja, convém sermos claros porque, inclusive, precisamos nos comunicar claramente com as agências que regulamentam a vida acadêmica e que parametrizam a produtividade de nossa vida de pesquisadores.

Um segundo passo do tal checklist que não vou propor poderia ser esse, o da dupla natureza textual/não-textual desse tipo de estudo: um trabalho de reconhecimento crítico e referenciado de uma obra de arquitetura certamente lidará, a cada momento de seus passos, com formas de representação e estudos não-verbais/não-textuais (desenhos, diagramas, croquis, esquemas etc.); assim como também necessariamente lidará com formas verbais ou textuais. Ou, mais precisamente, como o que elas (tanto as formas verbais, como as não-vernais) carregam: conceitos e ideias mais ou menos abstratos, pertinentes ao tema de maneira total ou lateral.[5]

Um estudo de reconhecimento crítico e referenciado de uma obra de arquitetura não poderá deixar de realizar, à medida em que se aprofunda, se desdobra e se completa, um sem número de interfaces com uma ampla gama de disciplinas paralelas e conhecimentos adjacentes, sem os quais seria impossível qualificar e compreender corretamente a trama de complexidades embebida no seio de qualquer obra de arquitetura; muito especialmente quando lidamos, como será mais frequente, com seus casos exemplares, canônicos ou significativos. Entretanto, convém não perder de vista que o foco principal – e, simultaneamente, o ponto de partida – de um estudo de reconhecimento crítico e referenciado de uma obra de arquitetura será – por livre definição e livre escolha do método – arquitetônico. As hipóteses, descrições, considerações, desdobramentos e conclusões que um estudo crítico e referenciado de uma obra arquitetônica que se deseja reconhecer e valorizar (por razões várias, que convém serem explicitadas em algum momento) necessariamente nasce e preferencialmente se alimenta de conhecimentos e de parâmetros característicos do saber propriamente arquitetônico. No labor de melhor realizá-lo, deve-se adotar uma postura intransigentemente favorável a rever a obra em estudo em sua concepção de essencialidade arquitetônica, e como resultado de um processo de projeto que a fez nascer – mas do qual a obra já se libertou, no momento em que se realizou no mundo.[6]

Ao fincar pé na necessidade de focar o estudo da obra arquitetônica no saber essencialmente arquitetônico, pode parecer que se busca encontrar sua raiz, sua origem, saber da obra em si mesma, em sua manifestação concreta, aparentemente livre de quaisquer amarras, laços e conexões. Mas de fato nem é o que se pretende, nem isso será alguma vez possível de plenamente acontecer.

É impossível realizar uma leitura atenta de uma obra de arte, ou também de arquitetura, que já não se encontre envolta em uma aura. É impossível ver-se completamente livre dessa aura e pretender atingir esse *puro objeto* em si, como se ele pudesse alguma vez se apresentar, de imediato ou posteriormente, destituído das quantas camadas de significados que ali já foram superpostas, por outros ou por nós mesmos. Em se tratando de uma obra jamais vista até então, ainda assim não podemos evitar de olhá-la a partir dos vieses que conformam nosso olhar, que nunca é inocente – mesmo quando ainda não é conscientemente reflexivo. Nunca será possível eliminar radicalmente as *crostas* que, bem ou mal, se apresentam agregadas à obra, algumas vezes mescladas a ela de maneira quase inextricável, embora de fato tenham sido ali justapostas ao longo do tempo por autores, usuários, comentadores etc. Admitindo que assim seja, o melhor a fazer é partir da compreensão desse ente complexo; admitir que essas camadas estão presentes sempre. Mas por isso mesmo é preciso investir um certo esforço em *desnaturalizá-las*, em descascá-las, em não aceitá-las desavisadamente como substitutos das obras – mesmo quando seja inevitável que nelas nos apoiemos para compreender a obra e, no processo, reconhecer, aperfeiçoar ou contestar tais crostas.

Afastando de vez a ideia de que seja possível ler uma obra em si mesma, cabe compreender que o esforço de uma leitura atenta ou de um estudo referenciado e crítico de uma obra de arquitetura não pode evitar de ser uma proposição metodológica – ou melhor, um meio para atingir um fim, que é onde, afinal, queremos chegar. Que tampouco nunca será o puro conhecimento dessa obra, mas algo distinto, híbrido, resultante sinérgico da associação entre a nossa livre e criativa ação, em interação com a obra, sobre a qual nos debruçamos, e que escolhermos nos dedicar a melhor estudar e compreender.

O motivo pelo qual se procede a um reconhecimento crítico e referenciado de uma obra de arquitetura é atingir esse fim que previamente estabelecemos, de maneira consciente ou não, e que pode ser explicitado através daquela outra pergunta fundamental e básica acima citada (para quê se vai ler essa obra?). Pergunta que, em cada caso, deveria sempre ser formulada às claras, de maneira a permitir que todo o processo possa vir a ser verificado, e confirmado seu rigor e consistência.

Naturalmente, pode ocorrer – quase sempre ocorre – que ao longo do processo as perguntas mudem, se aperfeiçoem, se precisem, se transformem. A questão inicial não é e nem precisa ser onisciente, não contém, nem pode conter em si mesma, e a priori, a resposta – ou não será pergunta, nem pesquisa, mas mera reiteração de um saber prévio que de fato não se está pondo à prova ou ampliando. Pode-se chamá-la de hipótese – mas pode-se chamá-la, de maneira mais pertinente ao caso, de partido do projeto – no caso, do projeto de investigação. Ou pode-se chamá-la de intuição, ou de vislumbre, ou quaisquer outros nomes que pareçam adequados. O que não se pode é achar que é necessário começar sabendo onde se vai chegar, porque assim não é: como no processo de projetação, o conhecimento se constrói ao longo da marcha, de maneira não-linear, com idas e vindas, podendo chegar a becos sem saída, que devem ser criticamente percebidos, nos impelindo a retomar o assunto por outras rotas, e assim por diante. O processo de reconhecimento crítico e referenciado de uma obra é, essencialmente, um processo reflexivo – como também o é o processo de projeto.[7]

Ou seja: conforme aqui se propõe, para ativar um trabalho de reconhecimento crítico e referenciado de alguma obras de arquitetura deve-se compreender que sua leitura atenta (ou sua análise, se usarmos esse termo no primeiro sentido acima descrito) se dará partindo-se de algum ângulo preciso, que iluminará – e limitará – nossa leitura. E que, ao longo do processo, esse foco se revisará uma e outra vez, sempre que necessário e conveniente, repropondo-se a pergunta que o ativou e, eventualmente, até repropondo a obra a estudar – pois pode ocorrer, no processo, a compreensão de não ser aquele o objeto mais indicado para responder ao que quero perguntar.

Um trabalho desse tipo é, por definição, interminável. Mas pode chegar a ser suficiente: não porque se tenha esgotado o conhecimento da obra, mas porque foram atingidas as metas, que quem a estuda, se propôs alcançar. Não porque se chegou na verdade, mas porque já é possível ensaiar uma resposta plausível, que agora convém expor a uma comunidade mais ampla; pois, ao ser debatida nessa comunidade, dita acadêmica, o debate nos ajudará a aperfeiçoarmos nosso processo de reconhecimento crítico, nossas ideias e conclusões.

Seja como for, tampouco é inaudito tal trabalho de reconhecimento crítico e referenciado de obras de arquitetura. Muitos outros autores postularam sua existência, com esses ou outros nomes, e/ou exercitaram tais tarefa de variadas maneiras, com contribuições mais ou menos interessantes, completas ou consistentes. Não há aqui qualquer pretensão de inaugurar um campo – mas apenas, talvez, de debater com mais clareza algumas de suas premissas.

Embora uma obra de arquitetura não possa ser reduzida a alguns temas mais ou menos simples (de fato, não haverá checklist!), entretanto uma obra de arquitetura pode ser simbolicamente comparada a um vetor resultante da somatória geométrica das diversas forças internas e externas que ajudam a moldar essa, e mesmo quaisquer outras arquiteturas. Essas forças podem ser, por exemplo: programa a atender/geometria dos espaços; sítio geográfico e cultural onde se situam/relação com o lugar e com o entorno; materiais e técnicas passíveis de serem empregados/resultados construtivos e tecnológicos; precedentes arquitetônicos que se deseja privilegiar ou negar/ênfases formais e construtivas que se escolhe privilegiar... Pode-se prosseguir listando outros itens, igualmente corriqueiros e básicos, mas nem por isso menos indispensáveis. Estes aqui acima indicados servem de exemplo, mas não esgotam o assunto. São úteis, porque quase sempre podem servir de ponto de partida para quem quiser se iniciar no assunto; cabendo, porém, a cada pesquisador enriquecer a lista com outros mais, ou selecionar os que lhe interessam. E embora pareçam ser parâmetros simples, não são – ou melhor, podem não ser. Pois na sua aparente simplicidade permitem ser considerados de maneira mais ou menos aprofundada, podendo eventualmente atingir um nível de reconhecimento crítico e referenciado de grande complexidade e riqueza. E para atingir tal meta é preciso trabalhar duro, de maneira persistente, demorada e exigente – como acontece com qualquer coisa séria e de qualidade na vida.

Convém, seja como for, partir-se da descrição da obra – pois embora esta possa ser considerada o grau quase zero da crítica, sem uma não há a outra.[8] Ninguém corre a maratona sem antes treinar com afinco alguns passos básicos. Nesse sentido, os parâmetros que acima se sugerem (e outros mais) podem servir ao menos para exercitar a leitura inicial, e muito importante, o conhecimento e a correta aplicação da linguagem técnica precisa e específica ao caso; ajudando a aprender a ver; para aprender a entender o que se vê – e finalmente, ver até mesmo o que não se vê de imediato, mas ali pode estar ou se manifestar. E uma vez se vendo e se entendendo o que há e o que pode haver, pode-se chegar a saber explicar, e eventualmente, a saber ensinar a ver; e finalmente, quando for preciso e necessário, saber aplicar o que se soube.

Note-se que, tampouco interessa tomar esses itens a priori, como lista abstrata de estudo ponto a ponto (o que seria a definição de análise acima descartada) – assim dispensando o estudo das obras. Ao contrário: as obras são o ponto de partida (e não os itens, ou suas partes) porque condensam de maneira complexa, e em geral contraditória, todos esses pontos e outros mais. E por isso é somente delas que se pode aprender mais e melhor, é pelo esforço de dali desentranharmos esses e outros aspectos que nos interessa as conhecer. A incomensurável densidade conceitual das obras e sua complexidade arquitetônica garante que seu reconhecimento não possa ser reduzido a um punhado de explicações simples – o que é muito bom, e justo, pois a arquitetura tampouco resulta de explicações simples. E se fosse fácil, nenhum de nós estaria aqui: a graça disso tudo é a sua dificuldade.

Se bem os itens acima elencados sejam básicos, não são os únicos e, evidentemente, muitos outros são possíveis. Definir que aspectos devem ser incluídos, que outros mais ser adicionados, ou eliminados, quando da leitura atenta de uma obra, é uma decisão criteriosa. Ou seja: definida a partir de alguns critérios; os quais, por sua vez, resultam, novamente, da ativação e compreensão da pergunta inicial: aquela que define, afinal, onde queremos chegar.

Esses aspectos de estudo/análise/leitura podem ou não ativar conexões transdisciplinares, sempre e quando isso seja indispensável para o labor de reconhecimento crítico e referenciado que nos propomos; ou seja, conforme as referências que adotamos como base para nossa exploração. Note-se que, de propósito, usou-se no parágrafo acima o verbo *ativar*. Neste contexto, ele significa muito simplesmente que o tipo de análise de obra, ou melhor, de reconhecimento crítico e referenciado de obra, ou senão, de leitura atenta de obra que aqui estamos tentando descrever, não parte de pressupostos conceituais transdisciplinares, mas neles pode chegar ou deles pode usufruir, se assim for o caso – ou seja, apenas se os critérios definidos pelas perguntas iniciais os necessitarem.

Há uma diferença sutil, mas poderosa, entre uma leitura que a priori tome por base parâmetros extra-arquitetônicos e outra que, distintamente, não se furta a fazer *também* uso de parâmetros extra-arquitetônicos, apenas e sempre quando venham ao caso. O que aqui se propõe é esta segunda situação: é disso que trata este texto. Pois, como foi dito acima, o ponto-chave desta proposta – seu limite, ou sua natureza – é o de não se perder de vista, ao se realizar uma análise de obra, ou um reconhecimento crítico e referenciado de obra, uma admissão muito simples, mas radical. Qual seja: que a arquitetura nasce, cresce e se manifesta no mundo por um esforço criativo humano que, ao concretizar-se, toma como parâmetros para sua definição e confirmação existencial principalmente os ditames de sua lógica disciplinar que, por assim dizer, *coordena* e *sintetiza* o que se necessita e o que se impõe. Como tal, a arquitetura se afirma como campo disciplinar próprio e não redutível a mera consequência (e tampouco a causa) das injunções preexistentes no entorno físico, social, econômico, político etc.; embora necessariamente estabeleça laços e conexões com todos esses e outros campos transdisciplinares.[9] Ou seja, nos termos em que aqui se propõe, essa leitura nasce das obras e cresce em outras direções, quando e se necessário for; e não vice-versa.[10]

A vontade de ir às obras como fundamento de uma pesquisa acadêmica em arquitetura e projeto não exclui, ao contrário, torna imperativa, enquanto base indispensável, a definição dos termos em que tal estudo se inscreve e no qual se apoia – como, por exemplo, o recorte temporal, geográfico, tipológico etc. que adota. Ou seja, não dispensa o esforço de buscar trabalhar o assunto de maneira sistemática ou *científica*. Esse último termo é frequentemente questionado e/ou mal interpretado nos debates da nossa área, mas de fato não é misterioso nem complicado, e pode sim ser aplicado na pesquisa em arquitetura, em seu significado essencialmente metodológico. Pode ser considerada científica uma pesquisa que ativa um processo partido de uma hipótese inicial – ou questão interpretativa mais ou menos provável; que a seguir define os meios que vai empregar para verificá-la – ou seja, escolhe os aparatos que permitem sua confirmação; e afinal, encerra-se com a demonstração mais ou menos inequívoca de sua verificação. Nunca esquecendo que

> as modalidades e o grau da prova ou confirmação que uma teoria deverá possuir para ser declarada, ou acreditada, *teoria científica* não são definidos a partir de um critério unitário: manifestamente, a verdade de uma teoria psicológica ou econômica [ou arquitetônica] pede

aparatos de prova completamente diferentes [...] e também os graus de confirmação requeridos são diferentes.[11]

E comprovar uma hipótese num estudo que se atém ao âmbito tão volátil da criatividade humana talvez não seja deixá-la inequívoca, mas apenas aumentar sua plausibilidade e consistência. Não há nada que se impeça de aceitar, nesse sentido, que uma pesquisa acadêmica em arquitetura, em projeto e com o emprego do instrumento denominado análise de obra ou leitura atenta, ou reconhecimento referenciado e crítico de obra possa, sim, ser científica.

Para não prosseguir este texto de maneira apenas genérica e abstrata – coisa que, a meu ver, ele absolutamente não é, ou não quer ser – passo a citar muito brevemente a contribuição de alguns outros autores para esse campo; e por fim, a exemplificar o assunto recorrendo a alguns estudos por mim elaborados em diversas ocasiões. Os exemplos de outros autores não pretendem ser exaustivos, mas aleatórios e referenciados: foram aqui invocados porque me serviram, e em absoluto esgotam o assunto. Mesmo assim, acredito que seus aportes possam ser úteis também a outras pessoas mais.

Além do já citado Comas e da indispensável referência aos estudos de Rowe e Colquhoun, sou pessoalmente e grandemente devedora da contribuição conceitual da historiadora, crítica e teórica de arquitetura argentina Marina Waisman (1920-1997). Dentre seus vários textos, destacarei aqui apenas algumas frases, extraídas do livro *El Interior de La Historia*. Embora esse livro busque caracterizar a disciplina da historiografia arquitetônica, na sua primeira parte Marina abre perspectivas muito claras para a investigação ou pesquisa em arquitetura em geral, tratando de maneira precisa e esclarecedora conceitos densos como história e historiografia, narrativas, durações etc., buscando caracterizar as especificidades das histórias da arte e da arquitetura por meio de conceitos como monumento, documento etc., entre outros temas de grande relevância para a pesquisa em arquitetura. Especialmente no capítulo quatro ("História, teoria, crítica") e cinco ("Reflexão e práxis") reside sua maior contribuição para o tema aqui em debate, por isso extraio dali alguns trechos muito esclarecedores:

> História, teoria e crítica são três modos de reflexão sobre a arquitetura, intimamente entrelaçados, a miúdo confundidos no passado, e que se diferenciam por seus métodos e objetivos; e que cumprem, ademais, distintas funções no pensamento e na práxis arquitetônica.[12]

> A práxis provê os objetos de reflexão; por sua vez, a reflexão provê os conceitos que orientarão a práxis. [...] Por outro lado, se bem os objetos da reflexão provenham da realidade, não se revela neles de modo direto ou evidente a problemática que comportam; será a reflexão a que há de descobrir ou revelar problemas e questões que subjazem na realidade fática.[13]

Naturalmente, Marina Waisman também é devedora de seus mestres, principalmente de Enrico Tedeschi (1910-1978), arquiteto italiano radicado na Argentina, com quem estudou e com quem colaborou como colega no magistério e na pesquisa. Tedeschi foi professor em Tucumán e em Mendoza, sendo autor do belíssimo edifício de sua Faculdade de Arquitetura, desenhado no mesmo momento em que escrevia e publicava seu livro *Teoria de La Arquitectura*;[14] no qual, segundo Josep Maria Montaner, "propõe uma renovação pedagógica a partir da teoria do projeto".[15] Os fundamentos com os quais Tedeschi se propõe estabelecer uma teoria da arquitetura, embora tratem mais do ensino do que da pesquisa, parecem grandemente contribuir para o estudo aqui proposto:

Não se pode estabelecer de maneira fixa, normativa, quais são os fatores que têm maior importância no projeto; tudo é um problema de relações. [...] Todas as perguntas, as inumeráveis [perguntas] que geram o estudo de um projeto não têm respostas únicas, eternas e categóricas [...] Evidentemente, existem problemas práticos limítrofes que são relativamente fáceis de definir [dimensões etc.]; mas afastando-se desses limites, a solução se faz totalmente livre. Daí a necessidade de um enfoque crítico por parte do arquiteto, que lhe permita estabelecer em cada caso uma valoração correta dos fatores que intervêm em seu projeto e em suas relações.[16]

A preparação crítica pode ser alcançada somente de uma maneira: com o exame e o estudo de obras nas quais se busque reconhecer como os dados do projeto foram entendidos e valorizados pelos arquitetos. Ou seja, transferindo as experiências alheias às próprias por meio do exame meditado, minucioso, que deverá repetir-se muitas vezes para tomar consciência de todos os elementos que participaram no projeto e de sua transformação em uma obra de arquitetura.[17]

Se reafirma aqui que o importante não é acumular conhecimentos, mas alcançar um método de trabalho. [...] Desta maneira, a colaboração dos estudos de teoria da arquitetura com o projeto se faz mais concreta.[18]

Prossigo com algumas referências argentinas, neste caso contemporâneas, que me ajudam a corroborar a percepção de que o tema em estudo é de fato uma inquietação conceitual atual, pois que vem se manifestando de distintas maneiras, em distintos lugares e com definições de campo possivelmente distintas, mas suficientemente próximas.

Ignácio Lewkowicz e Pablo Sztulwark publicaram um pequeno, mas precioso livro denominado *Arquitectura plus de sentido: notas ad hoc*. A expressão *plus*, segundo os autores, é equívoca e não está mal que assim seja. No livro exploram variadas dimensões *plus* que se propõem pensar a situação da cultura arquitetônica contemporânea. A primeira parte se desdobra em capítulos de nomes sugestivos e conteúdos instigantes: "O campo do sentido"; "O objeto arquitetônico"; "A reflexão sobre o objeto" e "A função intelectual". A segunda parte trata de contexto e partido, e a terceira propõe reflexões sobre a cidade contemporânea (temas também explorados em um livro seguinte de Sztulwark, *Ficciones de lo Habitar*). Do quarto capítulo da primeira parte, extraio uma proposição dialética absolutamente exemplar ao caso em pauta neste texto; e embora seja bastante retórico, este trecho ajuda a esclarecer alguns pontos.

> Uma obra de arquitetura pode ser concebida, lida ou registrada em pensamento de dois modos: pode ser registrada como efetuação de um pensamento, ou pode ser concebida como um pensamento em ato. A diferença é ínfima, mas essencial. Se a obra for a efetuação de um pensamento, então é pura expressão de um sentido prévio: por um lado, está o pensamento, por outro, a efetuação. E a efetuação seria a passagem ao ato do que estava em potência contido no pensamento. Não se agrega nada, só se torna realidade o que no plano inteligível já estava consumado. A outra possibilidade é que a obra possa estar concebida como um pensamento em ato, ou seja, que o pensamento inicial, a reflexão que orienta o projeto e a decisão, dão lugar a um objeto arquitetônico. E este objeto precisamente é arquitetônico porque está em excesso com respeito ao pensamento que o causou. Ou seja, que o efeito é irredutível à causa, e que o pensar não tem contido em si todo o fazer.[19]

Vale também destacar uma outra frase iluminadora desse livro: "Este livro sustenta que, se não há uma reflexão em clave de Arquitetura, não é porque redunde, mas simplesmente porque falta. E essa falta se faz notar".[20]

As frases acima parecem ecoar algumas das lições importantes de um texto fundamental de Francesco Dal Co[21] onde esse autor estabelece o status de independência crítica e de liberdade de ação do pesquisador em face da obra que estuda, e desta em face de seus próprios criadores e/ou das circunstâncias que a viram nascer; desmontando portanto a armadilha do entendimento da arquitetura como mera consequência de...

> A aparência de uma coisa, antes de revelar mecanicamente a ideologia de sua produção, existe simplesmente como o lugar onde sua absoluta autonomia do ato que a produziu é revelada. [...] E assim, ela pode ser medida, lida e conhecida, se vista como autônoma a todas essas *realidades* com as quais a historiografia tradicional em geral, e a ideologia arquitetônica em particular, sempre tentaram amarrá-la.[22]

Alguns livros recentes podem ser considerados como referência exemplar para estudos críticos referenciados de obras, mesmo quando os proponham sob outros nomes – como *close reading* ou leitura atenta. É o caso do livro de Peter Eisenman, aluno declarado de Collin Rowe, e que, mais que o mestre, sempre se posicionou radicalmente a favor de uma autonomia disciplinar extrema. O livro *Ten Canonical Buildings 1950-2000*[23] é radical e polêmico e certamente não vai agradar a todos – coisa que provavelmente dá a seu autor um grande prazer. Independentemente ou não de se aceitar plenamente o teor dos estudos que Eisenman apresenta nesse livro, a maneira como os expõe e os desenhos (ou diagramas) analíticos que acompanham os estudos podem ser de interesse para alimentar uma base conceitual e metodológica dos que desejarem realizar estudos assemelhados.

Como contraponto, pode-se citar outro livro referencial e exemplar: *Los Hechos de La Arquitectura*, dos chilenos Fernando Perez Oyarzun, Alejandro Aravena e José Quintanilla. Num dos ensaios de abertura, Aravena afirma:

> Frente a uma história da arquitetura que vem insistindo demasiadamente no componente formal do objeto arquitetônico, propomos uma mudança de ênfase, mas de maneira alguma uma suspensão dessa dimensão artística da disciplina. O que propomos é deslocar nossa atenção, de uma arquitetura vista como fato/feito formal (julgando a coerência da sintaxe interna do edifício), a uma fundada nos fatos/feitos arquitetônicos (verificando as situações que o objeto é capaz de articular). Trata-se de deixar de ver as propriedades formais da forma e começar a ver o que se poderia chamar de suas propriedades vitais.[24]

De acordo: mas talvez se trate mais de uma questão de ênfase do que de escolha – ou seja, o famoso isto e aquilo, em vez de isto ou aquilo. De qualquer maneira, esse livro mostra-se exemplar por conter pelo menos três dimensões distintas para uma leitura e estudo crítico e referenciado de obras, organizadas em suas três partes. Inicialmente, alguns ensaios introdutórios abordam questões gerais e conceituais; na segunda parte, são efetuadas vinte leituras de obras, dispostas em ordem mais ou menos cronológica de projeto, começando com o Parthenon e concluindo com o Yale Center for British Art de Louis Kahn (incluindo duas obras chilenas e uma brasileira, o edifício do Ministério da Educação e Saúde). São ensaios curtos e focados, acompanhados de desenhos, fotos e croquis analíticos, explorando em cada caso alguma questão arquitetônica precisa. A última parte do livro traz uma breve antologia com textos teóricos de onze arquitetos, incluindo Marcos Vitrúvio Polião, Leon Battista Alberti, Marc-Antoine Laugier, Étienne-Louis Boullée, Jean-Nicolas-Louis Durand, Effie Gray, John Ruskin, Eugène Emannuel Viollet-Le-Duc, Le Corbusier, Ludwig Mies van der Rohe, Walter Gropius e novamente Louis Kahn. O livro pretende, modestamente, ser uma leitura para alunos principiantes, mas se organiza de tal maneira que mesmo leitores eruditos podem aproveitar grandemente sua contribuição. Destaco, a seguir, outro trecho do ensaio inicial de Aravena:

> São os fatos/feitos da arquitetura que estabelecem o que poderíamos denominar o plano da realidade próprio da arquitetura. [...] É sua verificação que nos permite descansar em uma certa certeza sobre a realidade da disciplina, tantas vezes ameaçada de dissolver-se na pura naturalidade da vida social ou nos domínios de outras disciplinas. É sua verificação a que nos permite movermo-nos como arquitetos com esse grau simultâneo de cuidado e segurança que denominamos rigor. [...] Se a realidade se observa, os fatos/feitos arquitetônicos se formulam.[25]

Outras referências bibliográficas contemporâneas poderiam ser chamadas a contribuir com o tema aqui exposto, mas o objetivo deste artigo não é esgotar o assunto, e sim abrir perspectivas.

Naturalmente, e ao contrário do dito popular, é mais fácil fazer do que falar. A pergunta – como se faz uma análise de obra? – talvez seja mais simples: pode não se estar pedindo um método, mas apenas um exemplo. Por isso talvez conviesse também apresentar algum exercício prático de leitura de obra, ou estudo de reconhecimento crítico referenciado de obra. Aqui vou optar por comentar alguns estudos que venho propondo na última década sobre algumas casas modernas paulistas. O objetivo não é repetir as ideias postas nos textos (que podem ser lidos em outras publicações), mas explicitar certas questões metodológicas, corroborar a validade, abrangência, flexibilidade e interesse da ideia de estudo referenciado.

Casas paulistas: leituras transgressoras

> Crítica é análise – a crítica que não analisa é a mais cômoda, mas não pode pretender ser fecunda. [...] Não compreendo o crítico sem consciência. A ciência e a consciência, eis as duas condições principais para exercer a crítica. [...] O crítico deve ser independente – independente em tudo e de tudo.[26]

A maior dificuldade para se estudar a obra de arquitetos paulistas como João Batista Vilanova Artigas e Paulo Mendes da Rocha é que, nesses casos, as crostas agregadas pesam toneladas – como sabem todos os que tentam delas se aproximar de maneira independente.[27]

No meu mestrado, dedicado à leitura minuciosa de 42 casas de Paulo Mendes da Rocha,[28] entendi ser tarefa prévia necessária compreender o motivo pelo qual a *intelligentsia* local paulista, ao menos até então (e em alguns casos, ainda hoje) parece desgostar e mesmo desestimular qualquer tipo de leitura propriamente arquitetônica de obras de arquitetura, preferindo aproximações de viés político, social, econômico etc., que invariavelmente levam a leitura para longe das obras propriamente ditas. Naquele estudo levantei a hipótese desse asco originar-se parcialmente em algumas *interdições* postas em marcha a partir dos anos 1950 e exacerbadas nos anos 1960-1970 e que podem ser rastreadas a partir da releitura crítica de alguns textos de Vilanova Artigas.

Artigas desvela, em alguns textos, uma atitude de profunda e consistente dúvida filosófica, vocalizada inicialmente em seu texto de 1952, "Os caminhos da arquitetura moderna";[29] dúvida cujos mais amplos significados parecem ter ficado mais claros após a publicação tardia, inclusive póstuma, de alguns novos comentários do mestre sobre o assunto. A bem conhecida dúvida de Artigas assim se formula: "Onde estamos? Ou o que fazemos? Esperar por uma nova sociedade e continuar fazendo o que fazemos, ou abandonar os misteres de arquiteto, já que eles se orientam numa direção hostil ao povo, e nos lançarmos na luta revolucionária completamente?"[30] Essa dúvida parece exprimir as tensões entre seu engajamento partidário e seu repúdio aos sectarismos estéticos esposados por algumas alas do Partido Comunista afinadas ao realismo socialista, que supostamente privilegiariam uma "arte do povo e para o povo", frequentemente fazendo-o de maneira tacanha e folclorista – coisa que o artista consciente Artigas não pode aceitar por ser "a negação da história".[31] Nesse contexto, a "atitude crítica em face da realidade" – que Artigas propõe no final de *Caminhos da arquitetura*" – não será negar a arquitetura moderna, que lhe é cara, mas buscar emergi-la das "raízes brasileiras do universo", expressão de Moacyr Felix também citada por Artigas. Para tudo conciliar, passa a não aceitar nem permitir que se ponha em relevância sequer a mera possibilidade da origem não local de conceitos e formas eventualmente presentes na arquitetura moderna brasileira, vendo nisso uma confissão de dependência[32] – *ipso facto*, favorecendo certa desconexão entre a cultura arquitetônica local daquela internacional.

Por outro lado, e em contraponto, finca pé na independência artística absoluta dos criadores: "a arquitetura reivindica para si uma liberdade sem limites no que tange ao uso formal. Ou melhor, uma liberdade que só respeite sua lógica interna enquanto arte".[33] De permeio entre a intransigência por não admitir falar de *influências*, mas tampouco impedir que elas atuem livremente, resta um vazio deliberadamente não qualificado, que ocorre porque, de fato, a criação jamais se dá a partir do nada – até porque o criador é livre para assumir como suas, re-elaborando e re-criando, aceitando e rejeitando, quaisquer referências que lhe parecerem adequadas, assumindo-as total ou parcialmente, ou não, e mudando-as a cada momento. Atitude criativa aliás exemplificada pelo próprio Artigas, ao citar seu próprio trabalho, embora o faça apenas em raras e escolhidas ocasiões.[34]

A dúvida de Artigas se resolveria, segundo Fuão, na

> busca frenética de criar através da arquitetura a imagem de uma identidade nacional, e contra um movimento internacional que seria igual no mundo inteiro. Um correlato imediato entre imagem arquitetônica e cultura nacional.[35]

Mas não se trata absolutamente de uma atitude incoerente, escorregadia ou cômoda, como aventa Fuão no mesmo texto. Parece ser, ao contrário, uma consequência lógica e consistente das premissas políticas que, naquele momento, eram imperativas, no marco de disputas ideológicas da guerra fria dos anos 1950-1970. Na ausência desse solo firme de certezas antagônicas e excludentes, tais considerações pareçam hoje anacrônicas, restando apenas a perplexidade do mestre e a teimosia de alguns pretensos discípulos em manter, de maneira a-histórica, a-crítica, estreita e sectária – neurótica mesmo – os impedimentos a uma leitura mais ampla, crítica e aberta das obras brasileiras, em especial paulistas, sob um olhar de cunho mais marcadamente arquitetônico – o qual, como se verá mais adiante, não pode deixar de tocar no ponto nevrálgico das referências, ou mais polemicamente, das influências.

Isto posto, qual o sentido de escolher, para efetuar uma leitura referenciada e crítica, algumas obras residenciais de Vilanova Artigas e de Paulo Mendes da Rocha?

Minha questão, desde sempre, é: como se projeta em arquitetura? mas em vez de perguntar aos arquitetos prefiro entrevistar suas obras, que sempre me pareceram ser mais eloquentes, precisas e amigáveis que seus autores: embora mudas, as obras são perenemente verdadeiras. Por isso, leio obras: porque quero projetar melhor. E se escolhi, para alguns estudos de cunho acadêmico, ler algumas obras de alguns autores paulistas, como Vilanova Artigas e Mendes da Rocha, é porque além de estarem próximas e fazerem parte de minha educação como arquiteta e de minha vivência como paulista, são obras excepcionais, polêmicas, densas e de alto grau de complexidade. Isso, em princípio, me permite aprender muito mais com cada uma delas.[36] E, se bem as casas não sejam o tema preferencial que essa geração de arquitetos deseja ver discutida – por razões mais ideológicas do que arquitetônicas, como acima exposto – entretanto não deixaram de projetá-las de maneira excelente. Ademais, sendo obras relativamente pequenas, permitem leituras mais compactas, e sua aparente simplicidade é um desafio estimulante, especialmente quando se consegue erguer a ponta de alguns de seus véus e observar, mesmo que uma ínfima parte, de suas complexidades e contradições.

Nessas leituras, interessa-me sempre entender a questão polêmica, maldita e *perigosa* das influências que o ato de projetar essas obras trabalhou e transformou. Referências e influências que certamente existem porque nada nasce do nada, e porque mesmo a intuição não se exerce sobre o vazio, mas sobre o conhecimento dos precedentes notáveis aplicáveis ao caso, como afirmou Comas.[37]

O tema das influências – ou no caso da arquitetura, dos precedentes notáveis de eleição que ajudam a informar o projeto – foi tratado com mais detalhe no meu doutorado[38] mais detidamente; remeto aqui a algumas das considerações ali apontadas:

> No panorama paulista, a aceitação explícita ou mesmo qualquer tentativa de compreensão e análise dessas influências é complicada pelo fato desse tipo de abordagem ser sempre recebida com um alto grau de ojeriza. [...] As razões para esse rechaço, até há pouco tempo atrás, eram fundamentalmente de ordem

político-ideológica, e ligavam-se em especial ao tema da afirmação da identidade nacional. [... Mas] esse rechaço deriva também, inevitavelmente, da angústia da criação artística. Como esclarece Harold Bloom,[39] a "influência é uma metáfora, que implica em uma matriz de relacionamentos – imagísticos, temporais, espirituais, psicológicos – todos em última análise de natureza defensiva". De alguma maneira, a influência é fundamental para a criação, mas ao mesmo tempo, ela deve ser negada: "chegar atrasado, em termos culturais, jamais é aceitável para um grande escritor" – ou para qualquer artista, arquitetos incluídos. A influência torna-se, assim, segundo Bloom, um "fardo estimulante" e sua negação e superação, um dos motores ocultos da criação.[40]

Nunca entendi bem porque o tema das influências seria perigoso (como viviam perorando meus antigos professores paulistas), mas isso ficou mais claro graças ao alerta de Bloom: entender influências é chegar perto demais do processo angustiante da criação e chacoalhar as bases mesmas da suposta necessidade dos arquitetos modernos de serem sempre e invariavelmente *originais*. E, nesse sentido, aproximar-se do tema talvez seja quase cometer uma violação de intimidade – ou assim é vista por nosso meio profissional, tão satisfeito com a ausência de crítica quanto mais afirma desejá-la. E mesmo assim o assunto me interessa, pois é a maneira que melhor me permite aproximar da minha pergunta primeira desde sempre: como se projeta em arquitetura? Se bem que hoje já não acredito haver respostas prontas e definitivas para essa questão, e mesmo duvido muito de quem as queira dogmaticamente propor. Com o tempo, minha aproximação a esse tema foi-se tornando mais cautelosa e precisa. O que hoje tento, no máximo, é algo compreender sobre alguns aspectos, nem sempre e nem necessariamente os mais fundamentais, do processo íntimo de criação projetual de uma obra; o máximo que consigo é insinuar algumas conexões. E talvez, paradoxalmente, isso seja suficiente para projetar e ensinar a projetar, sempre quando as leituras se acumulem e as experiências se sucedam, numa somatória mais geométrica que simplesmente aditiva.

Não vou repetir aqui, de maneira integral, as leituras feitas em outros textos meus, mas apenas indicar algo do seu modus operandi; ou em outras palavras, dos seus aspectos metodológicos.

Nos meus textos "Concretismo, concretão, neo-concretismo, algumas considerações e duas casas de Artigas"[41] e "Artigas pop-cult: considerações sobre a cabana primitiva, a casa pátio e quatro colunas de madeira"[42] tento explorar possíveis conexões entre as obras de Vilanova Artigas e os movimentos artísticos brasileiros e internacionais que são contemporâneos às obras estudadas. Em cada caso, outras questões oportunamente se imiscuem, vez que foram escritas (ou melhor, re-escritas) para serem apresentadas em seminários com temas específicos, convidando pois a se realizar um esforço de intersecção de seu conteúdo com os temas gerais propostos pelos respectivos eventos.

As possíveis relações entre a ascensão do *concretão*[43] paulista, a partir dos anos 1950, e o movimento artístico concretista local, também acontecendo aproximadamente no mesmo momento, sempre me intrigaram; mas meus estudos sobre esse tema terminaram não sendo aproveitados na versão final da minha tese de doutorado e ficaram aguardando melhor momento para serem retrabalhados e divulgados. A convocatória do 8º Seminário Docomomo no Rio de Janeiro dava ocasião para expô-los, embora ainda de maneira breve, apenas indicando a existência da ponta de um imenso iceberg.

> No auge do debate concretismo/neoconcretismo a obra de João Baptista Vilanova Artigas transitava entre a experimentação com a linguagem carioca/corbusiana

(1946-1956) para experimentação brutalista (após 1959). Entre uma e outra, talvez se possa perceber um certo interregno onde despontam duas casas singulares de Artigas & Carlos Cascaldi, cujos projetos coincidem com as datas da exposição concretista – a Casa Baeta (1956) – e da exposição e manifesto neoconcretista – a Casa Rubens Mendonça, ou dos Triângulos (1959). Nessas casas não há propriamente uma alteração radical das pautas formais e compositivas que Artigas já vinha experimentado em suas obras desde meados dos anos 1940, dando prosseguimento a certos modos peculiares de organização espacial de sua obra residencial. Entretanto, anunciam como novidade o uso mais franco e evidente de estruturas especiais de concreto aplicadas à escala doméstica. Concomitantemente, ambas casas também parecem dialogar com os debates artísticos, culturais e políticos daquele momento; especialmente, mas não exclusivamente, o concretismo.[44]

O que talvez interesse ressaltar aqui é que o argumento da comunicação ao congresso não foi desenvolvido e apresentado apenas textualmente. Tanto seminários como aulas de arquitetura costumam conter exposições orais acompanhadas de imagens; mas no caso, as imagens não eram meras ilustrações de considerações exclusivamente históricas, e sim parte intrínseca da criação e exposição das ideias e argumentos nascidos da leitura referenciada das casas estudadas, vistas sob o ângulo de sua aproximação com o movimento concretista. Propunha ademais um jogo formal aproximando visualmente os aparentemente caprichosos (mas de fato, bastante racionais) pilares hiperdesenhados dessas casas de Artigas & Cascaldi e as bem conhecidas manipulações geométricas propostas por algumas pinturas concretistas. Por efeito do velho ditado que diz que "uma imagem vale por mil palavras", essa aproximação me permitiu condensar em quinze minutos de fala ideias que o texto levaria dezenas de páginas para explicitar.

No meu texto "Artigas pop-cult: considerações sobre a cabana primitiva, a casa pátio e quatro colunas de madeira", parto de um comentário aparentemente solto de Artigas que afirma ser a Casa Berquó – projetada por ele em 1967 – sua residência pop; e buscando verificar se o termo se referia ao pop-art, a manifestação artística mais presente e premiada da Bienal de Arte de São Paulo do mesmo ano de 1967; em vez de interpretar meio irrefletidamente, como até então vinha acontecendo, de ser esse comentário exclusivamente uma referência ao popular. Claro, é o próprio Artigas que ajuda a embaralhar as cartas (e deve ter se divertido muito nesse despiste) ao mencionar, junto com esse comentário, a sábia singeleza do mestre de obras e os lambrequins de madeira das casas paranaenses de sua infância. Mas em termos puramente visuais, formais e construtivos, a Casa Berquó não é tão *popular* quanto se diz, ou talvez se aproxime, isso sim, de uma vertente extremamente erudita do popular – ou melhor, do primitivo; vertente filosófica cuja origem pode ser traçada pelo menos desde o século 18; mesclada ademais com o tema tipológico do pátio; sem falar nas relações com a arte pop; e possivelmente outras coisas mais:

> A Casa Berquó, projetada em 1967 por João Batista Vilanova Artigas, retoma o tema ancestral do pátio, neste caso definido por quatro troncos de madeira que parcialmente suportam a estrutura de concreto da casa, e que alegoricamente remetem ao paradigma da cabana primitiva, entendida como princípio e medida de toda arquitetura, assim como postulado por Laugier e outros. Para melhor compreender a multiplicidade de referências cultas desse projeto, propõe-se uma releitura do texto de Artigas apresentado em sua publicação de 1969, onde também comparece a Casa Mendes André; propondo

também um cotejamento com duas casas-pátio de José Lluis Sert, de semelhante estrutura formal; sugerindo a possibilidade de entender a posterior menção de Artigas ao pop como podendo se referir tanto à ironia da arte pop como ao popular, como símbolo da moradia original; e arrisca uma referência ao pragmatismo cotidiano e feminino dessa casa; citando de passagem outras densas e complexas possibilidades de leitura. Que, ademais, peremptoriamente negam que esta ou quaisquer outras obras de Artigas possam ser reduzidas a uma simplória aproximação entre situação política e criação artística e arquitetônica.[45]

Mais longo e elaborado que o anterior, esse texto também só sobrevive e convence na exposição do seu argumento graças ao apoio de imagens de variados tipos, seja para ativar referenciais, seja para o cotejamento com outras obras, sejam desenhos interpretativos desta autora relativos a estudo de proporções e de estrutura.

No meu mestrado, propus uma leitura das casas de Paulo Mendes da Rocha de cunho cronológico, estrutural e tipológico, abordagem escolhida porque parecia melhor se adaptar à amostragem das 42 casas projetadas entre 1958 e 1995, e factível graças à relativa homogeneidade dos objetos de estudo, resultado da atitude projetual que se poderia chamar de clássica, peculiar a esse arquiteto – entendendo-se a palavra *clássico* aqui em sentido processual e não estilístico, e vez que suas obras residenciais parecem preferir o trabalho continuado e constante sobre algumas relativamente poucas pautas formais e estruturais, bem claras e definidas, resultando a cada caso em variações e combinações sempre novas mas sempre reconhecíveis. Uma busca criativa e estética resumida, nas palavras do mestre Mies van der Rohe em uma conversa com Philip Johnson, pelo seguinte aforismo: "é muito melhor ser bom do que ser original".[46]

Restaram não aproveitadas na dissertação algumas sobras, como meus estudos sobre as profundas sombras sempre presentes na maioria das casas paulistas brutalistas; parte desse estudo foi apresentado no texto "The Shadow Modernity of some Paulista Brutalist Houses",[47] que ensaia uma aproximação de cunho fenomenológico nascida das leituras minuciosas do mestrado, mas que, de certa maneira, as complementa e em parte as contradiz.

A organização estrutural de algumas casas brutalistas paulistas baseada no emprego de lajes nervuradas em uma ou duas direções com frequência define construções marcadamente simétricas, fato às vezes compensado por uma organização mais informal das partições internas não estruturais. Mas além desse recurso material, a simetria é também compensada ou diluída, ao menos do ponto de vista puramente perceptivo, pelo uso judicioso da iluminação natural e artificial. Para exemplificar esse ponto com maior clareza e concisão, escolheu-se um dos estudos realizados, de fato um caso *extremo*: a casa que Mendes da Rocha projeta em 1964 para uso próprio. Buscou-se então mostrar como a estrutura repetitiva e o arranjo dos ambientes interiores tem sua simetria embaralhada pela disposição aparentemente caprichosa – mas de fato, bastante funcional – dos dispositivos de iluminação natural zenital ou lateral, corroborada pelo arranjo dos dispositivos de iluminação artificial; e de como a combinação desses elementos, somada à forte proteção ao ingresso de luz solar direta, em especial nas duas fachadas opostas supostamente mais iluminadas – pois que definidas por amplas janelas em fita contínua – resulta numa percepção de luz *paradoxal*: há, nessa casa, mais sombra nas fachadas iluminantes e mais luz no centro sem janelas, enquanto aparentemente aleatórios focos de luz natural parcialmente conformam momentos específico da ambientação interna. Mas, mais do que um recurso sui-generis para definir o arranjo interior dessa casa, a atitude de projeto dessa (e de outras obras paulistas brutalistas) parece sugerir um *desvio de padrão* da modernidade de caixas claras excessivamente luminosas – não por falta de recursos ou por viés regional, mas por decisão criativa projetual. O que, por sua vez, remete à necessidade de ampliar as definições sobre o que seja ou não a modernidade, evitando limitar excessivamente o que de fato pode ser visto, desde outros ângulos (em especial, os nossos), como variado, criativo e abrangente.

Mas, apesar de seu detalhamento simples e penumbra interior, a casa de Mendes da Rocha não busca tradição. Nem é resultado de falta de recursos construtivos. Ela exibe um ambiente não iluminado cuidadosamente obtido, propositalmente procurado e parcialmente em contradição com o fato de ser uma estrutura em forma de árvore. Por ser uma casa elevada, paradoxalmente não busca a luz, mas sim as sombras e faz um esforço para ser vista como uma caixa; como uma caverna artificial, ela se vale de subterfúgios para trazer luz a alguns ambientes internos cuidadosamente escolhidos. Suas superfícies rústicas e opacas e seus interiores crepusculares refletem outro tipo de sensibilidade, sintonizada às novas tecnologias construtivas do pós-guerra e à ambiência política intensamente maniqueísta, sem espaço para conciliação. Dessa forma, enriquece a arquitetura moderna, deixando claro que não vive apenas de luz.[48]

Nenhuma dessas leituras de obra de fato explicam como se faz um a análise de obra, nem a inserção desses exemplos neste texto pretende servir de parâmetro para outras leituras de obra, e muito menos de receita universal ou parcial. Foram trazidas aqui mais para enfatizar a questão crucial e primeira de qualquer análise de obra; que é para que, quem a faz, porque decide fazê-la. Busquei esclarecer, em geral e em cada caso, quais são minhas preocupações e como elas me levaram a realizar certos trabalhos de análise ou leitura referenciada de algumas obras de arquitetura.

Naturalmente, meus objetivos e resultados talvez estejam um pouco mais claros hoje porque há algum tempo me dedico a esse assunto. Aos que começam nessas lides, seria inane exigir consistência total e a priori, que só pode vir com o tempo; mas tampouco convém deixar essa exigência de lado, pois a consistência só se confirmará mantendo sempre esse desafio no limite do horizonte.

Assim como a atividade de projeto de arquitetura, e como qualquer outra atividade criativa humana, uma análise de obra, ou um estudo crítico e referenciado, é sempre único, cada caso é um caso, não tem receita nem método. Entretanto, qualquer ofício humano, mesmo criativo, não pode prescindir de ambos, de receitas e métodos, mesmo se provisórios e falíveis. E se insistirmos na tarefa, talvez um dia cheguemos a entender melhor esses processos.

Sempre discordei na frase feita de que "arquitetura não se ensina": essa declaração apenas indica a preguiça que muitos têm de se dar ao trabalho de tentar ser professores no melhor e mais amplo sentido do termo. Em vez disso, tentamos.

Notas

NE. Publicação anterior do texto: ZEIN, Ruth Verde. Há que se ir às coisas: revendo as obras. In ROCHA-PEIXOTO, Gustavo; BRONSTEIN, Laís; OLIVEIRA, Beatriz Santos de; LASSANCE, Guilherme (Org.). *Leituras em teoria da arquitetura – volume 3: objetos*. Rio de Janeiro, Riobooks, 2011, p. 198-218.

1. ORTEGA Y GASSET, Jose. Carta a un Joven Argentino que Estudia Filosofia. La Nación, Buenos Aires, 28 dez. 1924, p. 3 <https://bit.ly/3qHjejY>.

2. Um dos autores mais instigantes sobre esse tema, até porque o trata de maneira inteligente, sem subordinação imediata aos instrumentos de medida da produção acadêmica – abrindo assim perspectivas amplas que seriam impossíveis de outro modo – é sem dúvida Richard Foqué, que consolidou no seu recente livro seus estudos e propostas de várias décadas sobre o tema da investigação projetual. FOQUÉ, Richard. *Building Knowledge in Architecture*. Antuérpia, UPA, 2010.

3. Falo aqui de arquitetura e sugiro que o termo possa ser entendido a modo de metonímia, para indicar todo esse campo mais ampliado da atuação agindo na criação e transformação do ambiente humano. Mas, de fato, quero dizer apenas arquitetura: que, mesmo assim, não é pouca coisa.

4. COMAS, Carlos Eduardo Dias. Ideologia modernista e ensino de projeto; duas proposições em conflito. In COMAS, Carlos Eduardo Dias (Org.). *Projeto arquitetônico, disciplina em crise, disciplina em renovação*. São Paulo, Projeto, 1986, p. 33-45. Republicado nos anais do *IV Projetar*: COMAS, Carlos Eduardo Dias. Ideologia modernista e ensino de projeto; duas proposições em conflito. In ZEIN, Ruth Verde (Org.). Projeto como investigação: antologia. In *Anais do Seminário IV Projetar*. São Paulo, Altermarket, 2009. [CD-ROM]

5. Em corroboração, ver a seguir citações extraídas do livro: PEREZ OYARZUN, Fernando; ARAVENA, Alejandro; QUINTANILLA, José. *Los Hechos de la Arquitectura*. Santiago do Chile, ARQ, 2007.

6. Ver: DAL CO, Francesco. Criticism and Design. In HAYS, Michael (Org.). *Oppositions Reader*. Nova York, Princeton Architectural Press, 1998, p. 157.

7. SCHÖN, Donald A. *Educando o profissional reflexivo*. Porto Alegre, Artmed, 2000.

8. Ver o capítulo: "O lugar da crítica: nunca é inocente escrever sobre arquitetura". In ZEIN, Ruth Verde. *O lugar da crítica: ensaios oportunos de arquitetura*. Porto Alegre, Ritter dos Reis, 2002, p. 201-203.

9. Não se está aqui absolutamente perdendo de vista o fato da arquitetura ser, finalmente, apenas um serviço que se presta a outros seres humanos, que a solicitam, e sem os quais ela não poderia existir. Mas, uma vez solicitada, como será produzida? Se fosse mero resultado de forças externas, todas as arquiteturas propostas em mesmas condições (por exemplo, em um concurso), seriam idênticas; como não são, há pelo menos esse *resto* a ser melhor compreendido. Assim, o que nos intriga aqui não é a causa eficiente para a sua existência, mas seu devir, seu processo de vir a ser, sua configuração através da ação criativa.
10. Não que o vice-versa não seja possível: apenas é uma outra coisa, que não está tratada aqui, por livre escolha do assunto.
11. ABBAGNANO, Nicola. *Dicionário de filosofia*. São Paulo, Martins Fontes, 1970, p. 917. [verbete sobre *"Teoria científica"*].
12. WAISMAN, Marina. *El Interior de la Historia. Historiografía Arquitectónica para Uso de Latinoamericanos*. Bogotá, Escala, 1990, p. 29. Tradução da autora. Versão brasileira: WAISMAN, Marina. *O interior da história. Historiografia arquitetônica para uso de latino-americanos*. São Paulo, Perspectiva, 2011.
13. Idem, ibidem. No original, a autora faz referência, nesse trecho, ao livro de PANOFSKY, Erwin. *A perspectiva como forma simbólica*. Lisboa, Edições 70, 1999.
14. TEDESCHI, Enrico. *Teoria de La Arquitectura*. Buenos Aires, Nueva Vision, 1973. [ver ainda edição original de 1962 ou 3ª edição ampliada de 1972]
15. MONTANER, Josep Maria. *Arquitectura y Crítica en Latinoamérica*. Buenos Aires, Nobuko, 2011, p. 46. Tradução livre. Versão brasileira: MONTANER, Josep Maria. Arquitetura e crítica na América Latina. São Paulo, Romano Guerra, 2014.
16. TEDESCHI, Enrico. Op. cit., p. 19. Tradução livre.
17. Idem, ibidem.
18. Idem, ibidem.
19. LEWKOWICZ, Ignácio; SZTULWARK, Pablo. *Arquitectura Plus de Sentido. Notas ad hoc.* Buenos Aires, Kliczkowski, 2001, p. 50-51.
20. Idem, ibidem, p. 47.
21. DAL CO, Francesco. Op. cit.
22. Idem, ibidem.
23. EISENMAN, Peter. *Ten Canonical Buildings 1950-2000*. Nova York, Rizzoli, 2008. Esse livro parece de alguma maneira retomar, em outra volta do parafuso, sua tese de doutoramento de 1963: EISENMAN, Peter. *The Formal Basis of Modern Architecture*. Baden, Lars Muller, 2006.
24. PEREZ OYARZUN, Fernando; ARAVENA, Alejandro; QUINTANILLA, José. Op. cit., p. 20-21. Tradução livre. A palavra *hechos* em espanhol pode ser traduzida em português por fatos ou por feitos (inclusive no sentido do particípio passado do verbo fazer). Essa ambiguidade, que é fundamental para a proposta do livro, perde-se numa tradução que escolha um dos termos (feitos/fatos), e por isso preferi mantê-los ambos em contraponto.

25. Idem, ibidem, p. 27
26. Originalmente publicado em: ASSIS, Machado de. O ideal do crítico. *Diário do Rio de Janeiro*, Rio de Janeiro, 08 out. 1865. Republicado em: ASSIS, Machado de. *O jornal e o livro*. São Paulo, Penguin/Companhia das Letras, 2011, p. 8-9.
27. Particularmente quando se quer estudar casas; veja-se por exemplo o relato de Cecília Rodrigues dos Santos e de Marlene Milan Acayaba em depoimentos agregados à recente reedição fac-símile do clássico: ACAYABA, Marlene Milan. *Residências em São Paulo, 1947-1975*. São Paulo, Romano Guerra, 2011.
28. ZEIN, Ruth Verde. *Arquitetura brasileira, escola paulista e as casas de Paulo Mendes da Rocha*. Orientador Carlos Eduardo Dias Comas. Dissertação de mestrado. Porto Alegre, UFRGS, 2000.
29. Com o título "Caminhos da arquitetura", o texto foi republicado em: ARTIGAS, João Batista Vilanova. *Caminhos da arquitetura*. São Paulo, Ciências Humanas, 1981.
30. Idem, ibidem, p. 77.
31. Conforme relata Artigas em entrevista a Aracy Amaral publicada em: AMARAL, Aracy. As posições dos anos 50. Entrevista de Vilanova Artigas a Aracy Amaral. *Projeto*, n. 109, São Paulo, abr. 1988, p. 97.
32. Conforme declara na entrevista a Lena Coelho dos Santos publicada em: SANTOS, Lena Coelho. Fragmentos de um discurso complexo. Depoimento de Vilanova Artigas a Lena Coelho Santos. *Projeto*, n. 109, São Paulo, abr. 1988, p. 93.
33. Publicado originalmente na revista *Acrópole*: ARTIGAS, João Batista Vilanova. Uma falsa crise. *Acrópole*, n. 319, São Paulo, jul. 1965. Foi republicado em: ARTIGAS, João Batista Vilanova. Op. cit., p. 99.
34. O assunto é tratado com mais detalhes e citações apropriadas no mestrado da autora: ZEIN, Ruth Verde. *Arquitetura brasileira, escola paulista e as casas de Paulo Mendes da Rocha* (op. cit.), em especial no capítulo "Brutalismo, escola paulista: entre o ser e o não-ser".
35. FUÃO, Fernando de Freitas. Brutalismo, a última trincheira do movimento moderno. In *Anais do 3º Seminário Docomomo Brasil*, São Paulo, 8-11 dez. 1999. [comunicação oral]
36. A leitura crítica de obras de arquitetura contemporâneas sempre foi e é um campo de meu interesse desde minhas atividades como jornalista de arquitetura, e antes disso, a partir de 1978. Mas ler o contemporâneo é tarefa mais afeita à crítica do que à teoria, e me pareceu que um trabalho acadêmico em teoria, história e crítica – áreas de concentração do meu mestrado e doutorado – pedia a leitura de obras com certo grau de historicidade. Mas ambos interesses seguem vivos em meus estudos recentes.
37. COMAS, Carlos Eduardo Dias. Op. cit.

38. ZEIN, Ruth Verde. *A arquitetura da escola paulista brutalista 1953-1973*. Orientador Carlos Eduardo Dias Comas. Tese de doutorado. Porto Alegre, UFRGS, 2005 <https://bit.ly/3Nexicy>.
39. BLOOM, Harold. *A angústia da influência. Uma teoria da poesia*. Rio de Janeiro, Imago, 2002, p. 23-24.
40. ZEIN, Ruth Verde. *A arquitetura da escola paulista brutalista 1953-1973* (op. cit.), p. 73.
41. ZEIN, Ruth Verde. Concretismo, concretão, neo-concretismo, algumas considerações e duas casas de Artigas. In *Anais do 8º Seminário Docomomo Brasil*. Rio de Janeiro, 2009 <https://bit.ly/3Jd2mbm>.
42. ZEIN, Ruth Verde. Artigas pop-cult: considerações sobre a cabana primitiva, a casa pátio e quatro colunas de madeira. In *Anais do 3º Seminário Docomomo Sul*. Porto Alegre, 2010.
43. *Concretão* seria o termo coloquial usado para qualificar as obras brutalistas dos anos 1950-1970; sobre as razões e justificativas para o uso do termo *brutalismo* remeto a: ZEIN, Ruth Verde. *A arquitetura da escola paulista brutalista 1953-1973* (op. cit.) ou ZEIN, Ruth Verde. Brutalismo, sobre sua definição (ou, de como um rótulo superficial é, por isso mesmo, adequado). *Arquitextos*, São Paulo, ano 7, n. 084.00, Vitruvius, mai. 2007 <https://bit.ly/3Nv9L8z>.
44. ZEIN, Ruth Verde. Concretismo, concretão, neo-concretismo, algumas considerações e duas casas de Artigas (op. cit.), p. 4-5. A citação teve aqui seu estilo muito ligeiramente corrigido, porque nós autores somos sempre obsessivos e insatisfeitos, inclusive e principalmente com nossos próprios textos
45. ZEIN, Ruth Verde. Artigas pop-cult: considerações sobre a cabana primitiva, a casa pátio e quatro colunas de madeira (op. cit.). Idem sobre os pequenos ajustes e correções.
46. Comentário de: JOHNSON, Phillip (1955). The Seven Crutches of Modern Architecture. In SYKES, Krista (Org.). *The Architectural Reader. Essential Writings from Vitruvius to the Present*. Nova York, Georges Brazilier, 2007, p. 171.
47. ZEIN, Ruth Verde; SANTOS, Cecília Rodrigues dos. The Shadow Modernity of Some Paulista Brutalist Houses. In *Anais do 11º Seminário Docomomo International*. México, 2010.
48. Idem, ibidem.

Uma crítica ética e pragmática, uma teoria operativa e referenciada
Possíveis e necessários instrumentos no ensino de projeto de arquitetura

Começo por algumas definições ad hoc: *pragmatismo* pode ser definido como a crença de que uma doutrina será verdadeira desde que seja útil e propicie alguma espécie de êxito ou satisfação; além disso, certa visão, dita pragmática, considera que o conceito que possamos chegar a ter acerca de um objeto ou situação será tão somente o resultado prático advindo da somatória de todos os conceitos passíveis de serem concebidos a seu respeito, ou que decorram de suas implicações práticas. Tal definição parece abstrata, mas é de fato muito concreta. Trata-se de uma renúncia a qualquer dimensão transcendente dos conceitos; não por negá-la (a dimensão), mas por considerá-la inatingível na prática. Isto posto, tem-se apenas e tão somente a coisa, ela mesma, e todo o conhecimento que puder ser derivado dela mesma.

Já a *teoria* pode ser compreendida como um agrupamento ou conjunto de conhecimentos elaborados e sistematizados de maneira a obter-se um certo grau de credibilidade, e que se propõe explicar, elucidar, interpretar ou unificar um determinado domínio composto por fenômenos ou acontecimentos que se ofereçam à atividade prática. De novo, nada há de abstrato na teoria. Tampouco é uma atividade ingênua: não é opinião ou declaração inconsequente; só pode resultar da busca deliberada de ordem, mas não necessariamente é mera simplificação. A teoria, assim entendida, nasce da prática: a verifica, analisa, dispõe-se a interpretá-la e elucidá-la, nela detendo-se cuidadosamente, investigando sua natureza, aspectos e variedades; enfim, aprofunda-se no seu estudo. Ademais, a teoria será aqui sempre adjetivada e circunstancial: refere-se a um determinado conjunto específico de assuntos e interesses e delimita um recorte específico dentro da totalidade do real.

Por outro lado, a teoria não é, nem pode ser, apenas um acúmulo de informações mais ou menos inúteis. Seu conteúdo não é somente descritivo, mas interpretativo, pois aspira atingir certa unidade, evidentemente complexa, porém coesa. Em outras palavras: mesmo que os fenômenos ou

acontecimentos examinados pela vontade de fazer teoria
sejam múltiplos e complexos – e mesmo contraditórios –
a tarefa da teoria é buscar torná-los inteligíveis, fornecendo pistas plausíveis para sua compreensão. E além disso, implicitamente, a teoria não pretende apenas compreender e interpretar, mas deseja igualmente retroalimentar, com suas considerações, o domínio sobre o qual se debruça.

E a *crítica*? Em sentido vulgar, a crítica é entendida como censura e condenação, um ato de caráter negativo. Mas em sentido próprio, a crítica é neutra: trata-se apenas da faculdade de examinar e julgar as obras do espírito humano de maneira a discernir, apreciar e ter critério. A crítica de alguma maneira se liga à moral – ou seja, ao conjunto de regras de conduta consideradas válidas para um determinado e restrito tempo e lugar; ou pode se ligar à ética – a ciência que estuda e aprecia a conduta humana e a qualifica do ponto de vista do bem e do mal, de forma relativa, ou de forma absoluta. A crítica moral arrancaria de um determinado e restrito universo de *verdades* previamente estabelecidas; enquanto a crítica ética poderia buscar compreender, apreciar e qualificar os atos e fatos humanos sem basear-se em apriorismos, mas tampouco sem isentar-se à tarefa de formular os limites do permissível e do conveniente.

A diferença básica entre *teoria* e *crítica* está menos no método e mais na proposta. Ambas examinam e verificam; mas enquanto a teoria se abstém de juízos morais ou éticos, e volta-se para a tentativa de sistematizar de maneira organizada os fatos com que se depara, a crítica não precisa, nem deve chegar a conclusões mais vastas. Se também examina e verifica, o faz para estabelecer juízos de valor – na crítica moral – ou pôr à prova e questionar intenções, resultados e atitudes – na crítica ética.

E o que é *projeto*? Em sentido restrito, significa um conjunto de ideias e ações organizadas com vista à futura execução de um empreendimento; em sentido mais completo, significa desígnio,[1] pois que não são apenas as tarefas necessárias à realização de algo que configuram um projeto, mas o desejo de fazê-lo vir a ser – desejo este que, qual motor imóvel, inicia o processo de planejamento de sua realização.

Ocorre-me que faltaria talvez definir o que é *história*. Prefiro não o fazer e aqui apenas tentar distinguir história e teoria. Para tanto, quero adotar o parecer do historiador Peter Collins. Em seu livro *Changing Ideals in Modern Architecture*,[2] Collins afirma que a diferença crucial entre ambas – história e teoria – é respectivamente a mesma que há entre compreender a maneira como os edifícios eram construídos no passado, próximo ou remoto, e a maneira como os edifícios são construídos no presente. Collins admite haver um certo perigo para a arquitetura contemporânea quando o discurso dos historiadores se aproxima demasiadamente do fazer cotidiano dos arquitetos. Já para ele, diferentemente da história, e por estar preocupada com a maneira como se faz arquitetura hoje, a teoria poderá – ela sim – tornar-se instrumento fundamental para a compreensão do fazer cotidiano do arquiteto.

Collins também refuta a ideia de que a arquitetura – ou melhor, as formas arquitetônicas – se alimentem apenas e tão somente de formas, num processo simplesmente mecânico. Mas afirma que "são as ideias [que escolhem] qual forma pode mais apropriadamente ser selecionada para configurar a arquitetura de um dado momento". Isso não significa que a prática surja da teoria, muito ao contrário: "o arquiteto pensa as formas intuitivamente, e então tenta justificá-las racionalmente".[3]

As definições acima são circunstanciais e não pretendem ser absolutas – são apenas pragmáticas. Não alimentam outro objetivo que o de servirem de balizas para se tentar alinhavar alguns pensamentos sobre qual poderia ser o papel da teoria e da crítica no ensino de projeto na arquitetura. Nascem da necessária reflexão sobre a prática, pessoal e limitada, que venho acumulando enquanto cidadã de dois mundos que, estranhamente, nas escolas de arquitetura no Brasil, são frequentemente encarados como irreconciliáveis: o ensino de teoria e história e o ensino de projeto.

Volto ao tema e ao meu título

E o que poderia ser uma crítica ética pragmática? E uma teoria operativa e referenciada? E o que, afinal, a teoria de arquitetura tem a ver com o processo de projeto de arquitetura e, por extensão, com o processo de ensino de projeto de arquitetura? Antes de chegar lá, parece ser necessário fazer um brevíssimo panorama de certas tendências presentes no cenário arquitetônico, profissional e de ensino, das últimas décadas – no Brasil e no mundo.[4]

A ausência de um foco central, de uma opinião dominante (e, portanto, intatacavelmente correta) e a abertura para as margens, desvios, variações, minorias e outras opções, todas características da chamada condição dita pós-moderna, abalaram o mundo da arquitetura e do ensino da arquitetura em todas, ou pelo menos em boa parte das convicções até então tacitamente estabelecidas, causando aos mais desavisados (e também aos mais bem preparados) certas confusões importantes. Sem intenção de ofensa e apenas com a vontade de sintetizar a situação em poucas palavras reduzindo, e muito, o panorama, pode-se dizer que a postura professoral em arquitetura passou, de maneira geral, da tirania do modelo ao exercício do muro estético.

Exemplifico. Meus professores de projeto, nos anos 1970, ainda dispensavam a crítica e a teoria no seu que fazer porque a maneira *correta* de projetar era dada como óbvia, bastando seguir alguns certos e delimitados passos para obtê-la. O que é que era considerado óbvio, e por que é que assim era considerado, fica para ser descrito em outra ocasião. Aqui interessa apenas o fato de que, no domínio do projeto, embora de fato nos anos 1970 havia um modus operandi estabelecido (embora já então bem esgarçado e minando água por vários lados), que dispensava a teoria e empregava a crítica basicamente em sentido moral (certo/errado).

Ao que parece, por depoimentos de colegas um tanto mais novos, nos anos 1980 aconteceu finalmente, no ensino de arquitetura no Brasil, a *batalha dos estilos*: de um lado os defensores do moderno, de outro, os do pós-moderno. Os modernos invocavam basicamente a tradição conformada pelo corpus das obras modernas (mas não necessariamente os princípios que estas tivessem adotado para se configurarem) para justificar a permanência de sua validade; os dito pós-modernos invocavam a necessidade de romper tal tradição considerada esgotada, talvez com rapidez excessiva, para arejar os ambientes. Em ambos lados poucos prosélitos estavam, de fato, elaborando qualquer reflexão mais profunda e referenciada sobre as qualidades e limites do moderno, na arquitetura, em seus efeitos reais e concretos (ou pragmáticos).

Nos anos 1990 (volto a falar por experiência própria, agora como professora) a ideia de *estilo* oriunda da tradição acadêmica decimonónica,[5] enquanto a faculdade de opção entre possibilidades distintas, genericamente válidas, já que nenhuma delas pode se apresentar como absoluta – passa a ser novamente estigmatizada. Retoma-se então, de ponta cabeça, a ideia de que a arquitetura surge... da ideia. Chamou-se a isso neomodernidade, com variantes como o deconstrutivismo, o minimalismo, o supermodernismo etc. etc. e etc. Só que agora tais rótulos não são, ou pretendem ser, estilos, mas aspiram configurar *opções conceituais*. Diferentemente da modernidade que pretendem emular em tom uma oitava acima, não resultam de convicções de cunho social e tecnológico transportadas ao fazer arquitetônico por exigência do espírito dos novos tempos – como no cerne do chamado movimento moderno.

Trata-se, ao contrário, apenas de um outro tipo de ecletismo, mais sofisticado e mais enganoso, porque se funda não numa atitude aberta de apreciação do possível e desejável em cada caso, mas de um calculado voluntarismo apriorístico. Partindo de um tema qualquer, aleatório e fortuito (filosófico, biológico, informático, quântico etc., quanto mais estranho ao campo arquitetônico, melhor) afirma-se sem muita cerimônia se ter dado à luz a determinadas fórmulas e formas que garantam o bem fazer arquitetônico, resultados mirabolantemente imediatos daqueles saberes extemporâneos, revestidos ou entronizados como verdades de validade e consequências iniludíveis – apenas nesta temporada, pois na próxima será diferente. O discurso sobre o fazer entrou de moda, e como tal, é volátil e está de olho nas variações para a próxima temporada. Esta nova onda seria uma retomada do papel relevante da teoria de arquitetura, ou, como afirma collins, uma re-valorização das ideias enquanto base da arquitetura? não; em absoluto não me parece que seja assim – muito ao contrário.

A diferença crucial entre a definição de Collins sobre a importância das ideias em arquitetura e este outro estado de coisas é que agora as ideias passam a ser elaboradas e trabalhadas abstratamente e com anterioridade às formas; mais do que isso, as ideia passam a ter um valor ontológico superior às formas. O que, para dizer o mínimo, é algo absolutamente estranho ao limitado e pragmático campo da arquitetura. Inaugura-se a arquitetura enquanto ideia em si mesma, desreferenciada de seu fim precípuo (construtivo e tectônico), não já como teoria, mas como especulação mental – porque, recordemos, a teoria não nasce das ideias sem corpo, mas dos fatos concretos e encarnados, que analisa, investiga, interpreta. Quanto às especulações, quem quiser que se divirta com elas; mas como inscreveu Francisco de Goya em um de seus Caprichos, "o sonho da razão produz monstros".

Nesse panorama, o ensino de projeto de arquitetura dava prosseguimento ao exercício costumeiro do muro estético; mas, agora, paradoxalmente somado à tirania dos modelos, numa síntese mais que perversa. Em suma, qualquer coisa pode – desde que embasada numa ideia: basta declarar-se perfilhando algum time para sentir-se assegurado e acima das críticas, para deter uma verdade que não admite questionamentos. A arquitetura deixa de ser, ou deter uma tradição que lhe é própria e iludível, e crê justificar-se apenas enquanto ideia que resulta e é consequência de um pseudorrelacionamento com outro campo qualquer de conhecimento, não arquitetônico, alheio e externo, inalcançável e brilhante – contra o qual, evidentemente, o reles pragmatismo da arquitetura como construção não terá influência ou domínio.

A dificuldade básica em se lidar com essa situação evidentemente distorcida, prejudicial ao ensino e, ao fim e ao cabo, à própria arquitetura – principalmente em países que não podem dar-se ao luxo do desperdício e da experimentação descabelada, como o nosso – radica-se no fato de que estamos todos absolutamente de acordo em um ponto, apenas: na recusa do autoritarismo. E assim fazemos indiretamente o jogo da confusão, abstendo-nos de tentar coibir tal estado de coisas por medo de nos ser aposta a pecha de *retrógrados* e *autoritários*, que evidentemente não desejamos.

Outra dificuldade que torna ainda mais difícil lidar com essa situação é perceber, surpreendentemente, quanto autoritarismo embebe sutilmente aquilo que aqui podemos chamar de, à falta de melhor termo, as *quase-arquiteturas-de-ideias*. Quem abraça tal ou qual ideia sente-se isentado de prestar quaisquer outras satisfações ao mundo, de pôr à prova suas convicções e, pior ainda, suas produções arquitetônicas. É no mínimo um neoconvertido entusiasmado, no máximo um fanático intolerante; não tem dúvidas, só certezas – e como as certezas costumam ser mais reconfortantes que os questionamentos, não cederão facilmente aos apelos do bom senso.

Evidentemente, estou exagerando os traços gerais do panorama; e o faço deliberadamente, com o intuito de torná-lo mais claro e patente. Na realidade do embate cotidiano as posições nunca são totalmente estanques ou definidas, navega-se com muita facilidade (embora com nenhuma ou pouca coerência) entre as mais distintas posturas acima relatadas (etiquetadas, para melhor explicá-las, como sendo típicas de determinadas décadas). O aqui e agora é sempre um *mélange* onde todas essas posturas convivem simultaneamente, geralmente de maneira amorfa e sem demasiada autoconsciência. O que tampouco ajuda a clarear as coisas.

Agora, se esse panorama for minimamente plausível, o recurso a uma crítica que se proponha tanto ética como pragmática e a uma teoria que se queira operativa e referenciada poderão ser, se bem empregados, instrumentos válidos ou mesmo absolutamente necessários ao ensino de projeto de arquitetura. E se o recurso à crítica de arquitetura irá atuar quase emergencialmente, cortando e cauterizando, torna-se indispensável em contrapartida, como remédio a médio prazo, o correto manejo da teoria de arquitetura.

Recordo que, pelas definições acima, tanto a crítica como a teoria nascem das coisas, e em absoluto a precedem.

A presença da crítica de arquitetura no processo de ensino de arquitetura deve se dar somente quando já iniciada a prática de projeto. Uma crítica de arquitetura minimamente responsável deve negar-se a discutir ideias que ainda não viram a luz do papel – ou do monitor, se for o caso. A primeira atitude dos professores de projeto poderia ser a de só discutir criticamente o projeto do aluno. Parece ser um óbvio ululante, mas não é. Não existe crítica de arquitetura baseada, por exemplo, apenas nos insumos necessários ao projeto – tais como programa, local, terreno e repertório arquitetônico eventualmente invocado a referenciar e embasar a questão. Por mais aperfeiçoados e pormenorizados que possam ser ou estar esses insumos, eles não são o projeto quando ainda não passaram pelo crivo de alguma elaboração criativa. Não se está esquecendo aqui, em absoluto, de um dos principais insumos: a vontade, o desejo. Ao contrário: a arquitetura só pode vir a ser elaboração criativa quando imbuída desse inefável *quid*. Entretanto, e por respeito ao aluno que temos em nossa frente, a crítica de arquitetura só pode ser exercida de forma ética depois e entre: depois do desenho (bidimensionais ou tridimensionais) e tendo entre nós uma terceira entidade: o papel riscado ou a maquete, sobre os quais, de fato, se dará a crítica. Antes disso podemos conversar à vontade, como é direito de qualquer cidadão; mas o ensino crítico de projeto ainda não foi iniciado.

Algumas precisões sobre a questão dos *insumos*, também aparentemente óbvias, mas frequentemente esquecidas. Programa e lugar não são dados imutáveis para a arquitetura, e serão necessariamente transformados por ela; não são termos absolutos, mas variáveis da complexa equação. Por isso mesmo resulta contraproducente o vezo do *excesso de pesquisa prévia* que caracteriza certo tipo de abordagem objetivista, largamente preconizada no ensino de projeto em algumas escolas de arquitetura. Chego a afirmar que é um erro induzir ou obrigar o aluno a saber demais sobre um assunto antes de permitir-lhe projetar, por dois motivos: primeiro, porque essa atitude evidentemente inibe a criação por excesso de indevida crítica prévia (principalmente quando aplicada a seres humanos inexperientes no ofício); segundo, porque o projeto é um processo de pesquisa, uma *reflexão-na-ação*. É no vai e vem entre insumos, necessidades, desejos e resultados – ou seja, no processo de projeto – que vão sendo precisadas as direções em que devem ser aprofundadas as pesquisas. Tentativa e erro fazem parte iniludível do processo criativo de projeto; tardar o momento da criação é talvez querer postular o acerto total *ex cathedra*, como se a criação fosse puro salto e não intercalação de salto e caminho, afastando-se e aproximando-se, aos poucos, vagarosamente, e laboriosamente, do objetivo.

Retomo a questão da crítica

A postura que afirma que a crítica deve ser introduzida como passo imediatamente posterior ao projeto poderia ser denominada *crítica ética pragmática*. Pode ser usada como um instrumento efetivo de ensino de projeto, mas para isso exige dos professores um amplo conhecimento do assunto em pauta, que exceda e transcenda sua própria experiência pessoal imediata e igualmente se fundamente numa ampla visão do campo de conhecimento arquitetônico – e porque não dizer, incorporando também o conhecimento dos fundamentos básicos das questões pedagógicas. Por outro lado, é importante distinguir a crítica ética pragmática da correção. A correção não deixa de ter seu lugar no ensino de projeto, principalmente em estágios mais adiantados do processo, ou sempre que pode se dar de maneira estritamente objetiva (por exemplo, em um dimensionamento incorreto). Mas caso se afaste da objetividade, a *correção* configurará de fato uma crítica moral imperativa, que em absoluto pode substituir ou suplantar o valor e a necessidade de uma crítica ética.

A armadilha da *arquitetura de ideias* fica automaticamente desarmada ao se adotar uma postura de crítica ética e pragmática, justamente pelo seu pragmatismo: a arquitetura proposta valerá pelo que ela é, e não pelo que pretende ser, ficando as pretensões e especulações sustadas. Eticamente, não se impede que elas aconteçam – o que não seria possível, e nem seria desejável. Pragmaticamente, ignora-as; criticamente, coloca-as à prova. Em qualquer hipótese, respeita-se a capacidade criativa pessoal do aluno, e mesmo seu direito de aprender errando.

Mas a crítica em si mesma, isoladamente, é insuficiente para garantir ou promover a qualidade dos resultados arquitetônicos – já que deve abster-se de opinar, ou melhor, de dirigir. Cabe então à teoria a tarefa de, atuando de maneira operativa e referenciada, servir de instrumento no processo de ensino de projeto no sentido de buscar caminhos para ajudar a efetivar essa elusiva categoria (a qualidade). E a teoria deve ser invocada diretamente, imediatamente, superpondo-se, concomitantemente – deixe-me ser um tanto reiterativa, para que isso fique bem claro – ao processo de projetação. É também importante analisar esse ponto mais detidamente.

É queixa comum entre os professores de projeto o fato dos alunos se apresentarem muito despreparados para a tarefa do projetar (independentemente de estarem no começo, meio ou fim de curso). A queixa tem fundamento, mas sua solução nunca é encontrada, já que se espera que alhures – não nas aulas de projeto – sejam os alunos devidamente preparados para a *síntese* (e que se daria no projeto); e essa preparação se daria, idealmente, por meio do conhecimento e reconhecimento de um repertório arquitetônico adequado, tanto de exemplos da tradição passada e recente, moderna, atual, contemporânea, brasileira, internacional, quanto por conhecimentos técnicos, tecnológicos, dimensionais, materiais etc., prévios e bem estabelecidos. E tais saberes seriam transmitidos não em projeto, mas apenas no restante do currículo do curso de arquitetura.

Possivelmente o são, ou tenta-se que sejam. Mas surpreendentemente, com frequência assustadora, ao deparar-se com as exigências da atividade de projeto de arquitetura o aluno parece nada saber, nada lembrar, nada haver compreendido do que talvez já tenha estudado. E como o ensino e reiteração de tais conhecimentos nunca parecem estar afetos ao ensino de projeto propriamente dito configura-se um impasse, aparentemente intransponível. Mas que talvez seja insolúvel apenas porque a questão está mal colocada.

Talvez a causa do impasse radique em uma simples razão, de ordem pedagógica: o processo de aprendizado é primeiramente concreto, e depois abstrato – como qualquer professor primário sabe. Ou, em outros termos, e reiterando as definições iniciais, a teoria é sempre, de direito e de fato, posterior à prática. Assim, enquanto o processo de ensino de projeto (a prática) não coordenar ativamente o processo de aprendizagem da arquitetura (a teoria), e mantiver-se esplendidamente esperando que outrem realize sua tarefa – para lhe restar apenas *praticar a teoria* –, esse impasse não se resolverá.

Retomo o tema da *teoria operativa e referenciada*. O ensino de projeto é no mínimo ineficiente, no máximo incompetente, sempre e quando não aproveita o trabalho do aluno – o projeto, por mais inicial que seja ou esteja – para teorizar. Exemplifico, talvez simploriamente, mas confiando que o exemplo da prática ajude a esclarecer minha vaga teoria.

Seja um tema pontual qualquer como, por exemplo, uma biblioteca (vou descontextualizar a questão para ficar mais claro o raciocínio, mas ressalte-se que não há arquitetura sem lugar, contexto, diretrizes urbanas etc., que neste exemplo, para facilitar, vou momentaneamente ignorar). Parece-me ser evidente afirmar que será também tarefa dos professores de projeto explicar, elucidar, interpretar e tentar colocar uma certa ordem no fenômeno biblioteca, de maneira a transmitir ao aluno as principais questões genéricas e básicas (possivelmente, neste caso, tipológicas) do assunto.

Claro que caberá ao aluno pesquisar exemplos cabíveis – embora salvar belas imagens coloridas de revistas, livros e portais não seja pesquisa, mas simples coletação acrítica. Estou convencida de que cabe aos professores de projeto demonstrar, de maneira pragmática, como se ultrapassa aquela coleção de recortes e se chega a uma teoria, simples, operativa e referenciada: operativa por que tem alcance limitado à questão pertinente; referenciada por que não se pode jamais esquecer para onde é essa biblioteca; e por que (volto então a contextualizar o tema...), o que certamente servirá de base para a seleção dos caminhos viáveis ou, ao menos, num primeiro momento, das rotas inadequadas ou inviáveis.

Se a crítica ética pragmática exige dos professores, como afirmei acima: "um amplo conhecimento do assunto que exceda e transcenda sua própria experiência pessoal imediata e se fundamente igualmente numa larga visão do campo de conhecimento arquitetônico", a teoria operativa e referenciada exige o mesmo, e mais ainda. Para sermos professores de projeto é adequado sermos boas/bons arquitetas/os, é interessante sermos profissionais de grande experiência prática, mas é indispensável sermos estudiosas/os de arquitetura e estarmos permanentemente atualizadas/os.[6]

Infelizmente, na maioria das escolas de arquitetura este último e fundamental requisito – o de que professores de projeto de arquitetura também sejam estudiosos ativos de seu campo de conhecimento, e não apenas praticantes ativos de sua profissão – não parece ser item muito apreciado, valorizado ou mesmo desejado. É voz corrente afirmar que há os que sabem, e há os que praticam, e estes últimos são preferentemente escolhidos para exercer o ensino de projeto de arquitetura.[7] A afirmação é falaciosa e leva a crer que quem pratica não sabe, o que é certamente um silogismo absurdo; e dela deduz-se também que quem sabe não pratica, o que tampouco precisa ser uma verdade iniludível.

Haveria ainda, talvez, um certo temor ao conhecimento – ao *saber demais*. Não é infundado: a fatuidade de alguns pretensos sabedores colabora para o folclore negativo sobre o tema. Entretanto, se houver desejo de alterar para melhor a formação dos profissionais arquitetos, parece-me sem dúvida ser necessário compreender e enfrentar o papel efetivo da teoria e da crítica no ensino de projeto de arquitetura.

Notas

NE. Publicações anteriores do texto: ZEIN, Ruth Verde. Uma crítica ética e pragmática, uma teoria operativa e referenciada: possíveis e necessários instrumentos no ensino de projeto de arquitetura. In KIEFER, Flavio; LIMA, Raquel Rodrigues; MAGLIA, Viviane Villas Boas (Org.). *Crítica na arquitetura*. Porto Alegre, Ritter dos Reis, 2001, p. 289-298; ZEIN, Ruth Verde. Una Crítica Etica y Pragmatica, una Teoria Operativa y Referenciada, Instrumentos Posibles y Necesarios para la Enseñanza del Proyecto de Arquitectura. *Trim Sessions*, v. 01, Valencia, 2011, p. 12-21.

1. Em seu conhecido texto "O desenho" (aula inaugural pronunciada na FAU USP em 1967), Vilanova Artigas identifica na palavra desenho "um conteúdo semântico extraordinário", inclusive porque inclui a ideia de desígnio, vontade. Afirma também que "ninguém desenha pelo desenho. Para construir igrejas há que tê-las em mente, em projeto". Portanto, Artigas vê no termo *desenho* a materialização do *projeto* e mais do que isso, vê no desenho um dispositivo capaz de auxiliar a suplantar o conflito entre arte e técnica. Embora suas palavras aparentemente se choquem com as definições ad hoc aqui empregadas, não me parece haver conflito de intenções. Em ambos os casos o desenho prossegue sendo valorizado como intrumento por excelência do pensar e do projetar arquitetônico que efetivamente só chega a realizar-se por seu intermédio. Cf. ARTIGAS, João Batista Vilanova. O desenho. *Caminhos da arquitetura*. São Paulo, Ciências Humanas, 1981, p. 39-50.
2. COLLINS, Peter. *Changing Ideals in Modern Architecture 1750-1950*. Montreal, McGill-Queen's University Press, 1978.

3. Idem, ibidem, p. 16.
4. Este texto foi escrito em 2000. Muita coisa mudou desde então. Várias tentativas de ressuscitar verdades certas e incontestáveis já ocorreram, por sorte sem sucesso. O panorama segue ainda eclético, e as considerações do texto possivelmente ainda válidas.
5. NE: Termo aplicado a situações, coisas e pessoas que pertencem ao século 19.
6. E será também de grande valia que professores desenvolvam sua capacidade de expor esse seu saber de maneira didática, clara e adequada. Outra aparente obviedade, muito facilmente esquecida na prática.
7. Acredito que, nesse quesito, algo mudou nos últimos vinte anos. Ou assim espero.

A síntese como ponto de partida e não de chegada

Comecemos pelos lugares comuns: são duradouros e muito resistentes, senão às críticas, certamente à mudança. Então, no geral, um curso de arquitetura qualquer é organizado de maneira a fornecer várias disciplinas pontuais e finitas, agrupadas de um lado em teóricas e técnicas – cuja incumbência é garantir aos estudantes o acesso a um elenco de informações, necessariamente genéricas,[1] sobre as diversas facetas do saber arquitetônico – e de outro lado em disciplinas *práticas* – limitadas ao exercício projetual[2] – nas quais as/os alunas/os exercitariam o fazer arquitetônico (em formato de simulacro) realizando, em seus desenhos e em suas cabeças, a tão almejada síntese entre projeto, teoria e técnica.

E como aconteceria esse processo de síntese? Embora seja o objetivo primeiro, que orienta e justifica a formulação fragmentada que caracteriza nossos cursos de arquitetura, há apenas uma visão borrada, oculta e misteriosa de sua factibilidade, e nenhuma clareza didática de como atingi-la. A síntese é esperada quase enquanto um milagre e deve chegar, supostamente, de maneira *natural* – e acerca disso as/os professoras/es nos mantemos numa passividade pedagógica que beira o fatalismo resignado, de fato lavando as mãos e não nos responsabilizando por um processo que pomos em movimento, mas que aleatoriamente resultará, ou não, na tão almejada síntese. E assim, jamais nos propomos, ou julgamos ser possível, induzir ou propiciar a tal síntese de maneira metódica. Que ela acabe ocorrendo – talvez com um razoável grau de sucesso, levando-se em conta a precariedade do processo – é prova inconteste de que Deus, como todos sabem, além de brasileira, é arquiteta.

A causa principal dessa situação absurda segue sendo a contradição – já apontada e debatida, desde há duas décadas[3] –, entre ideologia de projeto, didática e ensino de arquitetura. Que nem por ser assunto já sabido, é de fato suficientemente bem conhecido, a não ser aparentemente por poucos, sendo plenamente ignorado por muitos. E ademais, nem por que os problemas já foram alguma vez nomeados, pode-se afirmar que foram por isso superados.

Mas atendo-nos à questão circunscrita proposta, parece-me fundamental entender como, no ensino de arquitetura, pode ocorrer a tal síntese entre teoria, técnica e projeto, ou seja, entre o conjunto de partes fragmentadas do saber-fazer arquitetônico; a seguir examinando como essa síntese poderia ser melhor propiciada, de uma forma pedagógica e comprometida.

Então, como a síntese se dá? A primeira hipótese a examinar é que, de fato, ela não se dá. E isso mesmo quando os alunos alcançam propor e desenvolver seu exercício projetual, já que o desenho também pode acontecer precariamente, sem que os alunos já tenham elaborado a síntese das informações teóricas e técnicas de que já disponham em um dado momento (como aliás podemos comprovar no ateliê de projeto todos os dias). O comentário jocoso, entre professores, é que os alunos raciocinam com memórias separadas: saindo de uma aula ejetam imediatamente o que aprenderam, e na aula seguinte (daquela ou de outra disciplina, tanto faz) estarão portando uma memória em branco, virgem. As disciplinas práticas tampouco fogem desse padrão. Dependendo de como o exercício projetual é proposto, o mau costume dos *glóbulos flutuantes e isolados de memórias*, ao invés de ser combatido e contraposto, é propiciado, induzido, sugerido, reforçado, esperado. Não admira que a síntese não ocorra, já que, quando nos travestimos de professores de projeto, fazemos o possível para evitá-la.

Pois que, na vida real, a arrasadora maioria dos exercícios projetuais[4] seguem sendo propostos com base em *dados objetivos* descolados de qualquer realidade prática, isentos de qualquer contexto dado e sem qualquer conexão com a tradição imediata ou remota da cultura arquitetônica a que pertencemos, sendo quase sempre propostos e realizados através da espacialização mais ou menos funcionalista de um programa, conformado exclusivamente por diagramas, fluxogramas, quadros de áreas e coisas assim, bem *objetivas*. Os resultados passíveis de se obter com tal encaminhamento restrito e pseudopragmático vai configurar, necessariamente, dois caminhos antitéticos opostos, já apontados por Carlos Eduardo Dias Comas – ambos dispensando toda e qualquer síntese com o saber teórico e se apropriando do saber técnico, na melhor das hipóteses, apenas superficialmente e a posteriori. O primeiro caminho, objetivista, ignora a intuição e a criatividade e pretende resolver o projeto de maneira analítica; o segundo caminho, subjetivista, crê apenas na intuição e na criatividade, e não pretende resolver o projeto, mas criá-lo.

Novamente, um remete ocultamente ao outro, já que a maneira analítica jamais chega ao todo se dele não partiu, e se não partiu, fica no meio do caminho, com muita utilitas e pouca ou nenhuma venustas; e a maneira subjetivista, se tem a vantagem de chegar numa forma talvez com um certo grau de unidade, entretanto o resultado tenderá a ser demasiadamente autônomo (sem relação com contexto, programa, construção) e sequer chegará a ser verdadeiramente arquitetura enquanto seu processo criativo não for impiedosamente revisado e transformado pelos dados objetivos tectônicos e contextuais.

A síntese, entretanto, poderia ocorrer com maior probabilidade de sucesso quando, conforme foi apontado por Comas, o ateliê[5] foi "transformado em disciplina teórico-prática", no qual ocorreria o "espaço e ocasião do estudo de problemas arquitetônicos paradigmáticos e suas soluções", exemplificando alguns possíveis temas:

> o problema do conjunto habitacional popular periférico; o problema do projeto de equipamento comunitário adjacente ou interno ao espaço aberto; o problema de projeto da pequena edificação inscrita em lote no meio de quadra, o problema de projeto do complexo multifuncional, o problema de projeto de reaproveitamento de vazios centrais urbanos.[6]

Evidentemente, a definição de problemas suficientemente paradigmáticos pode e deve variar nos tempos e nos lugares; mas o esquema proposto segue ainda sendo, a meu ver, suficientemente válido para que se prossiga experimentando-o, talvez até para trocarmos experiências de como fazê-lo melhor.

Entretanto, se é possível (e algo já foi proposto nesse sentido) rever as disciplinas de projeto para que deixem de lado o viés funcionalista-criativista, introduzindo a teoria no projeto, ainda assim o problema da tripartição do curso e da necessidade de uma síntese que recomponha saberes e fazeres em uma unidade não foi plenamente resolvido, mas apenas ignorado. Isso seria irrelevante se o ateliê teórico--prático fosse capaz de englobar em seu bojo todo o curso, à revelia da estrutura fragmentada previamente existente, que se manteria intocada, mas anulada. Aparentemente, essa poderia seria uma solução: descartar a tripartição teoria/técnica/projeto pela volta (pois que, historicamente, dali saímos) ao ateliê soberano, pontificado por seu(s) maestro(s). Seria perfeito – não fosse uma questão muito importante, e que a excessiva primazia do ateliê, tão tentadora, poderá fazer crer ser uma questão menor do que de fato ela é.

A universidade, e dentro dela o curso de arquitetura, não existe apenas para *treinar* os estudantes para que saibam responder de maneira prática determinadas demandas concretas, mesmo que paradigmáticas (ou seja, com um certo grau de generalidade); mas igualmente para prepará-los para a produção de conhecimentos novos, seja sabendo responder casos não paradigmáticos e situações inusitadas, seja sabendo exercitar, também criativamente, os cada vez mais amplos domínios da disciplina arquitetônica – que, embora ainda esteja, e sempre estará, centrada no projeto, não se limita absolutamente a ele.

Para dizer de maneira simples e curta, nem tudo pode – ou deve – ser aprendido em ateliê, mesmo em sua versão teórico-prática. Entendendo-se, aqui, o ateliê como o lugar onde, por excelência, se buscam e devem ser necessariamente encontradas soluções apropriadas, finitas, pontuais e referenciadas aos problemas concretos, limitados e específicos (mesmo que potencialmente paradigmáticos) que foram colocados enquanto pergunta que o projeto visa responder. A produção de conhecimento arquitetônico está, e estará sempre, profundamente vinculada ao projeto; mas não é necessário propor a cada momento uma solução projetual unívoca[7] para ser possível compreender, re-conhecer e caracterizar questões arquitetônicas em geral.

Assim, além de propor que o ateliê de projetos deveria se transformar em disciplina teórico-prática, urge também propor que, cada vez mais, as disciplinas teóricas e técnicas sejam transformadas, igualmente, em atividades teórico--práticas.[8] E não estou fugindo do assunto – o ensino de projeto em arquitetura – mas apenas o colocando na sua real dimensão complexa. Que nada tem a ver com a fragmentação departamental a que somos, por uma ou outra razão, obrigados a admitir. Mas, se essa estrutura departamentalizada existe, nem por isso ela se torna verdadeira em termos pedagógicos.

A ilusão recorrente das estruturas organizadas de maneira fragmentada, hierarquizada e burocratizada (como é o caso do ensino de arquitetura) é a de nos fazer crer que são, senão eternas, ao menos indispensáveis – não na prática, que talvez de fato sejam, mas enquanto categorias de pensamento, que certamente não são. Assim, enquanto nos propusermos a debater em separado, valorizando ora um, ora outro, o ensino de projeto, o ensino de teoria e história, o ensino técnico – como se cada instância fosse mesmo separada e estanque –; e enquanto esperarmos que a síntese dessa forçada fragmentação se dê, na melhor das hipóteses, apenas por acréscimo de graça, estaremos apenas perpetuando o que há de pior nesse quase inevitável mal (a institucionalização burocrática da tripartição). Se ela existe, e tem profundos vícios, quem sabe se poderia tentar tirar disso um mais adequado proveito – ao menos, até que outra coisa surja para substituí-la.[9]

Descartada a solução acadêmica de propor o ateliê teórico-prático como substituto de todo o curso de arquitetura, e garantida a necessidade de que as disciplinas ditas teóricas/técnicas sejam também revistas de maneira a se transformarem também em disciplinas teórico-práticas, é possível que tudo isso, junto, nos encaminhe no sentido de melhor propiciar a tal síntese. Será certamente uma evolução, mas talvez não baste: sobrará ainda um resíduo de fragmentação que não foi eliminado, pois de fato a síntese não está garantida, mas segue sendo messianicamente esperada.

Talvez a solução, para que a desejada síntese ocorra de forma plena e responsável, seja mais simples – e ao mesmo tempo muito mais difícil – do que se poderia supor. Basta apenas imaginarmos que ela não deverá se dar´alhures (em outro lugar e em outro tempo), mas hoje, aqui e agora. Seja qual for a disciplina que, por motivos burocráticos, práticos ou consuetudinários, estejamos ministrando. E que ela não se dará depois, mas antes: não se chega nela, mas se parte dela – ou ela jamais se dará. Em termos muito simples – mas cuja viabilização prática será sempre de um alto grau de complexidade – para que a síntese de cada estudante seja didaticamente propiciada cada professor/a, em cada momento – no ateliê, na aula expositiva, no laboratório – deve lutar contra o saber específico que supostamente está a ministrar, de maneira a que esse saber esteja sempre, a qualquer momento, permeado de síntese.

Aprender é uma arte de início imitativa, até que se adquira, pela prática, um pleno domínio da nossa capacidade artística. Aprender envolve sempre um esforço externo, ritmado e redundante de repetição, antes da plena assimilação pelo sujeito que sofre essa (esperamos que) benéfica influenciação. No limite, os agentes pedagógicos do ensino – nós, professores/as – devemos estar permanentemente buscando a melhor maneira de iluminar os/as estudantes para que percebam que em cada questão, por mais ínfima e particular que seja, sempre já está contida toda a arquitetura. E nada menos que isso.

Notas

NE. Publicações anteriores do texto: ZEIN, Ruth Verde. A síntese como ponto de partida e não de chegada. In LARA, Fernando Luiz; MARQUES, Sonia (Orgs.). *Projetar: desafios e conquistas da pesquisa e do ensino de projeto*. Rio de Janeiro, EVC, 2003, p. 81-84; ZEIN, Ruth Verde. La Sistesis no es el Punto de Llegada sino el de Partida. *Trim Sessions*, v. 01, Valencia, 2011, p. 22-37.

1. Ou seja, imediatamente inúteis e imediatamente não instrumentalizáveis, apesar de eventualmente algumas delas serem pródigas em fornecer bitolas práticas, também de fato inúteis, mas de ostentosa e pretensa objetividade.

2. Por prática se poderia imaginar que as/os alunas/os iriam construir algo, seja experimentalmente, seja factualmente, ou pelo menos, trabalhar diretamente com o atendimento a uma comunidade (de não arquitetas/os, ou seja, de público em geral) de maneira a poder praticar seu ofício, evidentemente supervisionados por profissionais experientes. Com raríssimas exceções tais atividades jamais ocorrem no currículo das nossas escolas, e estamos sempre inventando, ou bem desculpas pragmáticas, ou bem justificativas éticas para nunca as viabilizar. Somos a única profissão que não treina seus jovens profissionais antes de lançá-los ao mundo, e achamos isso normal e correto. Há algo de errado nisso tudo, mas não chegamos a saber bem o quê, não é mesmo?

3. A referência indispensável sobre o assunto do ensino de projeto no Brasil segue sendo o livro de: COMAS, Carlos Eduardo Dias (Org.). *Projeto arquitetônico, disciplina em crise, disciplina em renovação*. São Paulo, Projeto, 1986. Com textos de Jorge Czajkowski, Elvan Silva, Carlos Eduardo Comas, Rogério de Castro Oliveira, Edson da Cunha Mahfuz e Alfonso Corona-Martínez. Ao relê-lo, antes de elaborar este texto, quase optei por simplesmente nem tentar escrever nada de novo e apenas citá-lo. Pois ainda me parece que está tudo lá e que praticamente quase nada do que ali é criticado, esclarecido e sugerido não tem sido nem razoavelmente compreendido, nem efetivamente implantado. Talvez porque tenhamos a tendência questionável de descartar contribuições inestimáveis apenas porque já envelheceram de alguns anos, mesmo quando continuam atuais. É um mau costume, totalmente afim como os demais maus costumes de

4. que falo no restante deste texto. Assim, o presente trabalho não pretende nem ignorar, nem superar esse esforço primordial, mas dar-lhe apenas uma modesta continuidade.

4. Ocorre-me que a afirmação é infundada, já que não fiz um levantamento extenso de como são as aulas em várias escolas, de várias partes do Brasil, muito menos do resto do mundo. Mas duvido muito que seja uma afirmação leviana, pois nasce da observação crítica e da experiência pessoal de décadas enquanto arquiteta e professora de projeto, estimulada pela troca fraternal de informações com colegas do meu e de outros estados. Não está aqui comprovada cientificamente, e quem sabe se devesse, por via das dúvidas, estes e outros óbvios ululantes serem algum dia devidamente parametrizados.

5. Ateliê: espaço mítico onde, narra a lenda, os estudantes de arquitetura projetam; espécie cruzada de éden primordial, triângulo das bermudas e buraco negro; atualmente, em transição entre o esquadro e o mouse.

6. COMAS, Carlos Eduardo Dias (Org.). Op. cit., p. 43.

7. Por exemplo: é comum ouvir colegas arquitetos – e alunos mais talentosos – recusarem-se a compreender as questões colocadas pelas arquiteturas desta ou daquela obra e/ou autor quando o/a estudante/profissional não se identifica com a mesma em termos de afiliação estética; o que fica expresso quando ele/ela declara, por exemplo, num gesto de rejeição à priori: *eu não faria assim*. Entretanto, para um aprendizado de arquitetura que se pretenda crítico, amplo e bem embasado, essa resposta é irrelevante e, no limite, bitolante. Pois não é preciso compartilhar de uma ideia para melhor compreendê-la, e eventualmente explorar conceitualmente essas e outras possibilidades; treinamento esse que admite, como condição contemporânea *sine qua non* a ideia de tolerância e pluralidade. Que ao contrário do que temem os preconceituosos, não necessariamente precisa levar o/a aluno (e o/a profissional) à indefinição estética no momento projetual, mas sim, a uma busca de sua melhor compreensão e qualificação. Muita ignorância vestida de arrogância e a excessiva pressa em delimitar um campo próprio de interesses humanos e arquitetônicos não conduz à certeza, mas ao dogmatismo. Esse exemplo, banal, mas não incomum, indica muito claramente o que eu quero dizer

quando afirmo que a compreensão da arquitetura não pode estar unicamente vinculada ao momento projetual concreto e pontual, onde o estudante deve dar uma resposta unívoca e comprometida à pergunta; mas deve ser fomentada também em situações nas quais ele não necessariamente terá que separar e escolher. Uma certa *suspensão de juízo*, de princípio, enquanto não se tem claras as ideias, segue sendo uma boa postura para o processo de aprendizado – embora vá ser necessariamente superada quando se chega ao momento de propor.

8. Não vou detalhar neste texto como se poderia fazer isso, até porque estou certa de que se trata mais de uma questão de reconhecer experiências que já estão em curso e em voga, em muitas escolas, por muitos colegas, do que partir aqui para se querer inventar uma solução *ex cathedra* genérica e genial.

9. É decepcionante, mas não tenho no bolso do colete a fórmula mágica para substituir por outra, mais genial e perfeita, essa estrutura que aí está. Enquanto isso, pragmaticamente, como arquiteta, não vou ficar à espera do terreno ideal, do cliente ideal e da verba ideal, mas vou aceitar aqueles que me tocarem, buscando dali tirar o melhor proveito. Mas, se algum colega iluminado tiver solução melhor, estou pronta a examiná-la e adotá-la – sempre, é claro, depois de impiedosamente criticá-la.

Quando documentar não é suficiente
Obras, datas, reflexões e construções teóricas

É preciso respeitar os documentos. Mas os documentos não falam por si mesmos: aguardam serem interpretados. E nunca é demais lembrar, como bem apontou Marina Waisman, que

> embora os objetos da reflexão venham da realidade, a problemática que comportam não se revela neles de modo direto ou evidente; é a reflexão que poderá descobrir ou revelar problemas e questões subjacentes na realidade factual, pois o ato de formular questionamentos ou perguntas se baseia em conceitos, em ideias; e é sobre esses que os descobrimentos são produzidos; e depois, será a práxis que responderá (positiva ou negativamente) às perguntas ou exigências formuladas pela reflexão.[1]

Os documentos, incluindo-se as obras de arquitetura – que são também documentos da maior importância e densidade para nosso campo de estudos – aguardam pacientemente por nossas reflexões. Mas jamais serão esgotados por elas: a qualquer momento um outro olhar lhes trará nova vida. Os mesmos documentos, iluminados por outras perguntas, sugerirão precisões e revisões, de singelas a revolucionárias. Mas para que isso ocorra é preciso se permitir fazer novas perguntas. Sem a dúvida sistemática não há ampliação ou revisão de campo; mas ela só pode consistentemente ocorrer se aceitarmos que nem tudo está claro, dito e definido. E sem nos darmos ao trabalho de voltar às origens – à documentação – e novamente interrogá-la.

Um exemplo. Parece haver uma ideia subjacente e prevalente permeando quase todas as historiografias canônicas da arquitetura moderna, em especial daquelas que tratam de outras modernidades não europeias. Trata-se de uma ideia cuja presença é sutil e difícil de apontar, já que subjaz na base de muitas assunções, sendo dada por sentada, e não sendo muito discutida por se acreditar evidente. Trata-se da noção de *transposição cultural* – de ideias, modelos, formas etc. No caso dos estudos sobre as nossas arquiteturas, ocorrendo sempre e necessariamente segundo um eixo imaginário, originado no Norte e repercutindo no Sul. Aceita tal ideia, de imediato se estabelece um corolário implícito: a noção de que os fatos, obras, discursos, tendências e debates arquitetônicos necessariamente ocorrem primeiro lá e depois aqui. A partir desse corolário, e para confirmá-lo, constroem-se explicações – reais ou supostas – de como e porque isso é assim; e finalmente, validam-se essas explicações adotando-se a crença de que elas mesmas seriam a causa eficiente e necessária para que as coisas sejam assim mesmo (em um círculo vicioso tão bem fechado que quase ninguém se dá conta disso).

Estando as coisas postas assim, permanecem – uma vez postas, a lei da inércia as faz imóveis até que se as empurre com muita força. Mas pode acontecer, por exemplo, que algum/a pesquisador/a menos bem informada – nem tanto sobre as obras e os documentos e, sim, sobre como e o que se *deve* pensar (ou melhor, sobre o que se considera lícito pensar) –, decida pesquisar novamente os fatos: as obras arquitetônicas concretas, suas datas de projeto e obra, suas características peculiares etc.

Digamos – hipoteticamente – que esse/essa pesquisador/a perceba que, seja no Norte, seja no Sul, arquiteturas que poderiam ser chamadas de modernas[2] ocorrem mais ou menos ao mesmo tempo, com diferenças de menos de meia década em muitos casos, em datas portanto muito próximas; eventualmente, até poderá encontrar obras, ditas modernas, e com datas anteriores àquelas dos supostos pioneiros do Norte. E até mesmo achar uma quantidade tal de *exceções* que, com esses fatos na mão, pode vir a duvidar que as coisas tenham acontecido conforme afirmam tais historiografias; e que, quem sabe, seria o caso de revisá-las.

Entretanto, tal pesquisador/a hipotético/a descobrirá rapidinho que é difícil – muito difícil – convencer seus pares de que o que tem em mãos é algo mais que um punhado de anomalias. Duvidar-se-á de seu trabalho, acusar-se-á de distorção ou de erro; se isso não for suficiente, de nomes feios (nacionalista, regionalista, chauvinista etc.); e desconsiderar-se-á suas dúvidas, seus fatos e suas construções teóricas pelo simples motivo de que "as coisas não podem ter acontecido como aconteceram", pois estão supostamente impedidas a isso pela construção teórica prevalente. Construção esta nascida talvez de outros fatos, mas para a qual foi outorgada validade universal por extensão, por costume e por preguiça.

Trata-se, é claro, de um caso hipotético: nada desse tipo jamais ocorreu entre nós – especialmente se estivermos lidando com obras da chamada primeira modernidade, ou seja, nas décadas de 1920-1945. Ou melhor: claro que aconteceu e acontece. Evidente que vários autores já toparam com essa situação e trataram desse tema, de diversas maneiras. Mas sua contribuição, se for relutantemente aceita, tenderá a ser classificada, na melhor das hipóteses, como um evento episódico, uma distorção pontual, um caso menor e menos significativo, considerando-se o conjunto etc. Nem mesmo o acúmulo de estudos de tal tipo parece ser suficiente para romper facilmente essa barreira. E talvez esses casos sejam mesmo anômalos – mas talvez não sejam. E a documentação por si só é insuficiente para demonstrar o ponto – se não for acompanhada de novas perguntas, outras reflexões e do questionamento das construções teóricas vigentes.

O assunto fica ainda mais tenso quando se trata de interpretar os fatos da arquitetura moderna correspondentes às décadas seguintes – ou seja, entre 1945 e 1975.[3]

Apesar da mudança de fase e de décadas, a ideia de transposição cultural – que seguramente tem seu valor na compreensão, análise e estudo do momento da chamada primeira modernidade – foi-se entranhando de tal maneira nos estudos historiográficos tratando da arquitetura do século 20 que, de alguma maneira, se cristalizou e se instalou, passando a ser indiscriminadamente adotada, sem maior exame, inclusive de ali em diante. Mas é mantida nem tanto porque os novos fatos também a chamam à arena, mas quase sempre apenas por inércia. Não segue sendo empregada graças a um exame aprofundado e bem fundamentado dos fatos – que ao contrario, se examinados fossem, a caducariam. Por inércia, adota-se porque se tornou um dispositivo, ou uma ferramenta, ou uma ideia prevalente de segundo grau: um *a priori*.

E assim, sem muitos/as pesquisadores/as se darem conta, seguem adotando-a como base para interpretar também as obras pós-1945 e suas relações com aquele imaginário eixo Norte-Sul. O qual, idem ibidem, segue-se acreditando existir, e seguir *norteando-nos* a todos, e funcionando sempre com mão de direção de lá pra cá, aparentemente ainda apto para a compreensão das chamadas segundas modernidades. Tal ferramenta – a transposição cultural – é extraída das fronteiras temporais nas quais parecia ter certa pertinência (no máximo, antes da Segunda Guerra), e se a faz sobreviver mais além de sua data de criação e validade. Transborda-se, assumindo um papel que não lhe compete: o de instrumento canônico e inquestionável, que segue sendo invocado porque sim, mesmo quando sua prevalência e utilidade se mostram cada vez menos defensáveis e cada vez mais indevidas; e se aplica, de cima abaixo, por sobre as modernidades destas outras décadas, e é claro, destes outros lugares.

Imaginemos então que aquele/a tal hipotético/a e intrometido/a pesquisador/a volte à cena e se ponha a constatar, com base nos fatos – no estudo dos documentos, das obras e projetos, das datas de projeto e construção, das suas características etc. – arquiteturas projetadas e construídas nos anos 1945-1975. Digamos que os documentos, e principalmente suas datas, sugiram não caber ao caso a existência simples de uma mera *transposição cultural*; nem muito menos esses fatos indiquem a prevalência do ponto cardinal Norte no eixo imaginário dos caminhos do Sul. Pode haver, e há, influências;[4] mas seu desenho é de rede, teia e nuvem, e não de eixo com sentido único.

Mesmo assim, vai continuar sendo difícil – muito difícil – fazer crer aos seus pares que pode haver algo de podre na percepção simplificadora e *transpositora* como base de explicação, de validade universal, para o que ocorre nos reinos ao Sul da Dinamarca nessas modernidades pós-1945. Claro, poderíamos sugerir de novo que esse tal pesquisador/a é hipotético/a – mas, neste caso, e considerando-se tudo o que tem sido estudado e publicado, nem que seja apenas no âmbito dos anais do Docomomo brasileiro, nem eu, nem vocês podem, em sã consciência, acreditar mais nisso. E, no entanto, *eppur non si muove*.[5]

Outro exemplo. Por muitas e boas razões se aceitam as datas de 1920 a 1945 para definir o momento de origem e de definição da modernidade arquitetônica do século 20. Tal afirmação, mesmo se aceita e aplicada, não nasceu espontaneamente: tem origem circunstanciada e limitada, foi deduzida, bem ou mal, da análise de algumas obras modernas – mas não de todas. Entretanto, os historiadores que a corroboram não se pejam em imediatamente universalizá-la, por efeito da síndrome do umbigo do rei (que dita que um cidadão de um lugar que se crê central tende a crer que o que pensa é compartilhado pelo universo).

Dessa definição se desdobra outro corolário: que o que vem depois de 1945 seguirá sendo sempre, necessariamente e apenas, um desdobramento; mais do mesmo; consolidação de pautas já claras e definidas, estabelecidas e plenamente conformadas. E se por acaso os fatos arquitetônicos desse outro momento *que se segue* não permitam, por sua natureza documental, ser claramente incluídos nessa *continuidade*, a solução para explicar tal aparente paradoxo é considerar esses outros fatos com sinal negativo: como distorção, deturpação, desvio e perda de um *verdadeiro* sentido; esse sim original, de uma vez e para sempre fundado e estabelecido; e é claro, pertencendo a outro tempo e a outro lugar, que não é aqui (nem pode ser, por efeito dos axiomas anteriores).

Pois bem: volta à ação nosso/a incauto/a hipotético/a e abusado/a personagem pesquisador/a e resolve perguntar, pensar e demonstrar – com base na documentação disponível – outras possibilidades de interpretação que lhe parecem ser mais plausíveis e conformes com os fatos, abrindo outras possibilidades para se compreender tais fenômenos.

De novo, será difícil que seus pares aceitem o que tem a dizer, e/ou que compreendam, na devida extensão e plenitude, as alternativas de interpretação que estiver propondo. Não bastam os fatos: as teorias e interpretações historiográficas vigentes que *regulamentam* o campo tenderão a seguir impávidas, sem dobrar-se facilmente à constatação de quaisquer fatos novos que ponham em risco a sua validade.[6] Não exatamente elas, mas o campo que elas desenham e determinam, onde repercutem e por onde afetam a todos os demais. Novas interpretações baseadas no reexame da documentação – que podem parecer atos inocentes – de fato tendem a produzir importantes fissuras, que até certo ponto podem ser absorvidas pelo campo sem muita marola; até se acumularem e se admitir que de fato se trata de um terremoto, ou uma coisa muito mais amplas e, consequentemente, muito mais penosa e complicada de se aguentar.

E assim, as arquiteturas modernas situadas em outros sítios geográficos, que se tenham historicamente estabelecido nas décadas depois, seguem sendo constrangidas a serem lidas e interpretadas, sempre e necessariamente como atrasadas, como influenciadas em mão de direção única (de lá pra cá), como posteriores e secundárias, mesmo quando não forem. E possivelmente sobre elas se aplicará também o primeiro axioma: serão consideradas (porque estão depois e alhures), fatos necessariamente nascidos da *transposição cultural*. Trata-se, como já foi dito, de um círculo vicioso; e os perdedores somos sempre os que estamos neste outro ponto cardeal.

Por sorte, estamos no século 21. Vivemos em uma época onde é possível e viável a admissão da variedade e da complexidade. Passamos a valorizar as aberturas a outras possíveis abordagens. Vivemos a admissão da pluralidade; podemos abrir e variar.

Mas, na maioria dos casos, abrir e variar não é necessariamente questionar: pode ser apenas (ou querer ser apenas) contribuir educadamente, sem pôr em risco o status quo. Permitem-se aberturas, claro – mas sempre quando se limitem a ser superficiais e epidérmicas. Pode-se pensar outras coisas, claro – sempre quando não se chegue a provocar nenhuma convulsão importante. A diversidade, bem-comportada, está admitida e, ademais, gosta de sua posição secundária, porque aspira ser aceita pela hierarquia vigente; e é bem-vinda por esta porque é politicamente correta. É permissível porque refresca a arena com novos temas e pautas e sugere que o campo é livre, até porque está sendo enriquecido com outras visões geográfico-culturais. Sempre quando, é claro, aceitem seu papel de alteridade admissível, à qual não cabe enfrentar de maneira demasiado dura o que ali já está, repousado e se supondo bem estabelecido. Podemos, nos permitem – mas só se soubermos encontrar nosso lugar próprio. Que será preferencialmente à margem, de maneira a não colocar em dúvida o núcleo mesmo das verdades fundantes vigentes (que já perderam a memória de terem sido e de seguirem sendo apenas meias verdades) e das teorias vigentes (que por inércia e abuso da autoridade se deixam perpetuar).

E, entretanto, ampliar o campo talvez possa ser mais do que permitir ao *outro* seu lugar periférico. Talvez seja, perigosamente, pôr em dúvida a existência de um centro, de onde supostamente emanariam e de onde supostamente se comandariam, antes e sempre, as polaridades. E talvez não seja necessário substituir um centro por outro, mas admitir a pluralidade de maneira menos preconceituosa e mais ampla.

Estas considerações seriam apenas exercícios sobre o nada se não o fosse, porque, se bem elas aqui se apresentam de maneira abstrata, de fato nasceram de situações bem concretas. E são reflexões que tomam por base algo aparentemente básico e inofensivo: a documentação. Que percebem o seu potencial de transformação do campo – sempre quando o olhar que sobre elas pousar se permita fazer novas perguntas e não aceitar ideias prontas que não passem pelo crivo da razão – e mais que isso, dos fatos. São ideias que nasceram da cuidada e demorada apreciação dos nossos mais densos documentos: os projetos e as obras; e da verificação acurada das suas datas. Parece pouco, mas não é.

Enquanto a pesquisa se limita a constatar, parece inofensiva. Quando se propõe a analisar e comparar documentos – inclusive obras – de quaisquer partes do mundo, considerando-as todas, a princípio, no mesmo pé de igualdade (ou seja, sempre como documentos, e não a partir do filtro de explicações ideológicas e/ou historiográficas nelas incrustadas a priori) pode acontecer que a pesquisa perceba e revele outras coisas, muito distintas. E pode acontecer – e acontece – que inviabilize, entre outras ferramentas, a ideia da *transposição cultural*; pois esta tende sempre a empanar o olhar, a impedir que quem estude os documentos encontre outra coisa que não uma continuidade posterior, ou a polaridade, ou o atraso etc. Mas caso se supere essa barreira, as demais caem muito facilmente: os documentos, se examinados em sua própria natureza, não só validam como veementemente sugerem miradas distintas.

Mas se bem as considerações acima tenham nascido do estudo dos documentos – projetos e obras, suas datas, suas características etc.; se bem cheguem a conclusões claras e que se pretendem honestas, terminam sendo afetadas pelos vícios e preconceitos do campo e, por isso, poderão ser recebidas com certa incredulidade. Podem ser difíceis de compreender e aceitar em toda sua plenitude e consequências, porque quem as lê ou vê, não as pode aceitar, estando a isso impedido pela crença nas construções teóricas prevalentes – sem perceber que estas acabaram de se tornar anacrônicas.

Os mesmos fatos – os documentos – se vistos de outros ângulos, podem dar lugar a outras premissas e a distintas consequências. Que finalmente talvez possam chegar a ter certo potencial para minar, nem que seja em parte, o que já parece estar bem sentado e estabelecido. E talvez por isso mesmo essas interpretações, nascidas da reflexão sobre a documentação, têm dificuldade em se tornar criveis: não porque não sejam plausíveis, mas porque estão sob a sombra ocultadora das construções teóricas prévias, que sem nos darmos muita conta disso, estão empatando o campo.

Algumas considerações finais

O conteúdo deste artigo nasceu a partir da reflexão crítica, talvez um tanto irônica, sobre uma situação pessoal e concreta. Meus estudos realizados a partir dos anos 1980 e consolidados no mestrado e doutorado dos anos 1995-2005, tratando sobre as obras brutalistas dos anos 1950-1970, primeiro paulistas, depois brasileiras, seguidos de desdobramentos mais recentes incluindo a pesquisa de exemplos colhidos em várias partes do continente americano e além, tem buscado apoiar-se na força dos documentos – as obras, suas datas, sua comparação sem preconceitos ou apriorismos, e sem aceitação acrítica das *explicações canônicas* previamente existentes; ao menos sem antes passá-las pelo crivo das informações concretas que se ia recolhendo. A somatória desses estudos vem resultando na necessidade de se proceder a uma revisão historiográfica do assunto brutalismo, que ainda está se processando, mas que já tem claras algumas premissas e resultados, que adiante exponho muito resumidamente.

Mesmo assim, quando esses estudos são comunicados em textos, eventos, aulas; e muito especialmente quando são comunicados aos pares – aos que sabem mais, e não aos que nunca pensaram nada sobre esse assunto – tendem a ser recebidos com certa atitude de incredulidade. Em geral, não se questionam os fatos, porque estes sequer são reexaminados para conferir se minhas hipóteses e conclusões sobre eles se sustentam. Duvida-se, quase sempre e apenas porque outras autoridades – vindas do reino, claro – dizem que não é assim, é de outro jeito: e estamos.[7] É como se a memória de textos canônicos lidos na infância de nossa formação tivesse mais precedência e mais autoridade do que estudos contemporâneos, sistemáticos, cuidadosos e bem fundamentados, que põem em dúvida esses textos porque demonstram suas fraquezas e insuficiências. Nesse caso, é uma questão de outorga ou não autoridade às pessoas – e não, como seria correto, aos seus estudos.

Entretanto, temo que, com o tempo, as interpretações que venho sugerindo se tornem por sua vez canônicas, mas que isso ocorra apenas no mau sentido: porque de tanto eu as repetir, ou serem repetidas meio rapidamente por outros, tornem-se aceitas – também por ganho de autoridade – e mesmo sem um acurado exame crítico de seu conteúdo. E assim, passarão de subversivas a óbvias sem que de permeio se examine com cuidado o trabalho que as propôs. Então, gostaria de deixar claro que não é meu objetivo convencer ninguém a não ser pela força dos fatos, ou seja, pela documentação e interpretação – e não, de maneira ideológica ou consuetudinária. E igualmente assim aspiro que o trabalho seja criticado, e não por mera antipatia a priori.

Para não perder o costume, volto a afirmar as conclusões de meus estudos recentes e em andamento sobre o brutalismo dos anos 1950-1970, que agora parecem fazer sentido não apenas para o caso paulista, mas para muitos outros casos já em estudo.

Que o brutalismo[8] pode ser entendido como uma tendência arquitetônica muito prevalente nas décadas de 1950 a 1970 em todo o planeta, podendo ser entendido como conformando um outro tipo de *estilo internacional* daquele momento, pois que foi adotado em uma enorme variedade de obras, por quase todos os arquitetos vivos e atuantes naquelas décadas. Que foi sempre mal-amado e até execrado pelos críticos e historiadores imediatamente posteriores à sua consolidação, expansão e decadência, os quais ajudaram a desprezar e esquecer essas obras (as ruins como as boas, e as há e muitas).

Que, entretanto, segue vivo através dos rastros que imprimiu na formação de muitos arquitetos mais jovens e hoje atuantes, e pode ser percebido como impregnando algumas das tendências arquitetônicas presentes na prática projetual contemporânea. E que por estar em parte redivivo, bem convina proceder à recuperação historiográfica do brutalismo e das suas mais importantes e melhores obras, nem que fosse para qualificar – quem sabe até superar – sua presença oculta no ambiente projetual contemporâneo. Para recuperar seu status, ou melhor, para lhe outorgar um renovado status, é importante admitir que o brutalismo é pouco menos que um estilo, mas tendia a sê-lo; que provavelmente não foi um movimento, e foi parco de discursos auto-referenciados; que se configura e estabelece temporalmente e espacialmente mais ou menos ao mesmo tempo em quase toda parte; e que a força dos fatos e das datas indicam não ser de origem britânica, nem predominantemente influenciado pelo caso britânico, que sem dúvida é um caso importante, mas apenas tanto quanto outros mais; e que assim, obviamente, não tem nada a ver com a efígie dos deuses nórdicos em uma moeda.

Que foi um fenômeno amplo e universal e que, mesmo assim, admitiu variações locais que também são de interesse; que embora tenha ocorrido em toda parte do mundo ao mesmo tempo, sem que seja possível detectar uma origem central predominante, deve sua origem certamente à contribuição magistral de Le Corbusier e, de maneira secundaria, mas também importante, a Mies van der Rohe; que talvez ocorra com certa anterioridade, e talvez com mais vigor e invenção, nos países que então se denominava de *terceiro mundo*. E que, finalmente, não é uma ética, mas uma estética – mesmo quando se tenha que admitir que, na maior parte das vezes, seus autores parecem privilegiar uma certa moral operativa que busca evidenciar estruturas e limitar a paleta dos materiais construtivos. Que não tem uma essência, pois o que tem em comum todas as suas obras são as superfícies. Que ainda é um tema maldito, tabu, provocativo – e, por isso mesmo, é muito interessante.[9]

Notas

NE. Publicações anteriores do texto: ZEIN, Ruth Verde. Quando documentar não é suficiente: obras, datas, reflexões e construções teóricas. In *Anais do 9º Seminário Docomomo Brasil*. Brasilia, FAU UnB, 2011 <https://bit.ly/3p1TEpk>; ZEIN, Ruth Verde. Quando documentar não é suficiente: obras, datas, reflexões e construções teóricas. *ArchDaily Brasil*, 02 dez. 2012 <https://bit.ly/3J8QdE3>; ZEIN, Ruth Verde. Cuando documentar no es suficiente: obras, fechas, reflexiones y construcciones teóricas. In MUÑOZ, Maria Dolores; ATRIA, Maximiliano; PÉREZ, Leonel; TORRENT, Horacio (Org.). *Trayectorias de la Ciudad Moderna*. Concepción, Universidad de Concepción, 2012, p. 22-28.

1. WAISMAN, Marina. *O interior da história. Historiografia arquitetônica para uso de latino-americanos*. São Paulo, Perspectiva, 2013, p. 39-40.

2. Não será neste artigo o lugar para se discutir como se valida essa qualificação de *moderno*. Não porque não seja um detalhe muito importante, mas apenas para não fugir ao tema. Mas tenho claro e consciente que a definição não é nem pacífica, nem simples, e que sobre ela também pesam alguns dos preconceitos ideológicos e geográficos que aqui se vão expor. E por isso, necessito debatê-los antes, para depois discutir a classificação de *moderno*, que virá em outro momento. Mas adianto que compartilho as dúvidas de autores como Sarah Goldhagen sobre a classificação meramente estilística da modernidade; mas, no meu caso, não para abolir os parâmetros de estilo e forma, e sim para conceder que não necessitam ser os únicos parâmetros de julgamento. Até porque, para nós, o que interessa é abrir o campo, e não validar novas barreiras ideológicas que nos impeçam de nele entrar. Ver: GOLDHAGEN, Sarah Williams. Something to Talk about: Modernism, Discourse, Style. *Journal of the Society of Architectural Historians*, v. 64, n. 2, California, UCLA, jun. 2005, p. 144-167 <https://bit.ly/3N5LX9B>.

3. Também não será aqui o momento de discutir por que o panorama muda radicalmente a partir de 1945, e de qualquer maneira o assunto está presente em muitos e variados autores. seja implicitamente – como por exemplo no livro de: MONTANER, Josep Maria. Depois do movimento moderno. Arquitetura na segunda metade do século XX. Barcelona, Gustavo Gili, 2001. Seja explicitamente, como em: BASTOS, Maria Alice Junqueira; ZEIN, Ruth Verde. *Brasil: arquiteturas após 1950*. São Paulo, Perspectiva, 2010.

4. A autora usa o termo *influência* em sua tese de doutorado (ZEIN, Ruth Verde. *A arquitetura da escola paulista brutalista 1953-1973*. Orientador Carlos Eduardo Dias Comas. Tese de doutorado. Porto Alegre, UFRGS, 2005 <https://bit.ly/3Nexicy>) a partir de uma leitura crítica da contribuição de Harold Bloom (BLOOM, Harold. *A angústia da influência. Uma teoria da poesia*. Rio de Janeiro, Imago, 2002, p. 23-24), como *fardo estimulante*, *interpretação criativa*, *apropriação poética* e, principalmente, como escolha – da parte do influenciado – e não como imposição ou transposição (termo que sugere certa inevitabilidade passiva de quem *sofreria* o processo). A influência não precisa resultar em diminuição do valor do ato criador, e é tanto mais presente quanto mais forte for o/a poeta – e/ou, o/a arquiteto/a.
5. Traduzindo do italiano: *ainda não se move*.
6. As teorias, obviamente, não pensam: para ser sutil, o texto ativa uma prosopopeia. Mas evidentemente somos nós, os pesquisadores, que relutamos em rever nossas verdades prontas e definidas. Infelizmente, quanto mais experientes somos mais a situação se agrava: se já publicamos muito, perceber que nossos textos podem se tornar anacrônicos por força de novas pesquisas tende a, na melhor das hipóteses, nos desagradar, na pior, nos enfurecer: é da natureza humana. Mas é também da natureza da pesquisa, quando boa, que ela seja subversiva. E é melhor nos prepararmos, pois nos tocará nossa vez mais adiante.
7. Outro questionamento comum e recorrente é dos que pretendem que "não se pode dizer essas coisas porque serão mal interpretadas por alunos e outros receptores". Trata-se de uma crítica de juízo moral que não pode ser considerada, sob pena de eliminarmos a pesquisa, e até mesmo a escrita, vez que tudo pode ser mal interpretado na vida.
8. Conforme definido em textos anteriores da autora: ZEIN, Ruth Verde. *A arquitetura da escola paulista brutalista 1953-1973* (op. cit.); ZEIN, Ruth Verde. Brutalismo, sobre sua definição (ou, de como um rótulo superficial é, por isso mesmo, adequado). *Arquitextos*, São Paulo, ano 07, n. 084.00, Vitruvius, mai. 2007 <https://bit.ly/3Nv9L8z>.

9. Uma versão parcial deste texto foi apresentada no *Seminário Internacional Puntos Cardinales de la Teoría de La arquitectura 1920-1950* e publicada nos seus anais (Universidade Nacional de Rosário, 2011). O debate crítico que se seguiu à sua exposição foi muito intenso e rico, e sem dúvida colaborou para a revisão e precisão do presente texto. Mesmo se, de fato, os mesmos fenômenos de não aceitação a priori das minhas proposições tenham ocorrido então, o embate direto com os colegas de alto nível intelectual que discordaram das minhas posições foi-me extremamente útil, senão ao menos para confirmar que essa não aceitação a priori a partir de convicções ideológicas arraigadas que não se desejam questionar, por razões políticas ou consuetudinárias, não é apenas uma invenção da minha imaginação.

Não é bem assim...
(O que você já ouviu falar sobre Vilanova Artigas?)

O Brasil é um país de dimensões continentais e sua multifacetada arquitetura moderna compreende uma ampla variedade de personagens e edifícios notáveis, que certamente merecem ser incluídos em uma seleção das melhores obras internacionais de arquitetura moderna do século 20. Até recentemente, apenas o modernismo carioca clássico dos anos 1930-50 havia recebido esse reconhecimento mundial – e o que se seguia era um inexplicável vazio. Depois dos anos 1990, o reconhecimento internacional do extraordinário trabalho da arquiteta Lina Bo Bardi ajudou gradualmente a superar essa lacuna. Hoje, pelo menos dois outros importantes arquitetos brasileiros/paulistas da geração moderna também vêm alcançando esse reconhecimento de seu trabalho: Paulo Mendes da Rocha, ganhador do prêmio Pritzker em 2005 e, mais recentemente, embora no exterior, seu reconhecimento ainda esteja restrito a um seleto grupo de especialistas, João Batista Vilanova Artigas.

Vilanova Artigas (1915-1985) foi um arquiteto moderno com uma vasta obra. Começou sua atividade profissional em 1938 e desempenhou um papel proeminente na arquitetura nos anos 1960. Formou-se engenheiro-arquiteto pela Escola Politécnica da USP em 1937, foi sócio de Marone & Artigas escritório de construções e projetos (1938-1944) e diretor de Vilanova Artigas Arquitetura após 1944. Foi professor da Universidade de São Paulo a partir de 1944, filiou-se ao Partido Comunista Brasileiro em 1945 e viajou pelos Estados Unidos com bolsa da Fundação Guggenheim em 1947-1948. Após 1960 assumiu um papel proeminente na renovação do curso de arquitetura, pouco antes de ser expulso da universidade por razões políticas (1969); retomou sua posição na faculdade após a anistia política (1980). Inicialmente influenciado por Frank Lloyd Wright, depois pela escola moderna carioca, no final dos anos 1950, sua obra de maturidade adotou um forte tom brutalista, influenciando por sua vez a arquitetura paulista e brasileira. Foi também artista e escritor, contrapondo textos de militância política com eruditas aulas sobre ensino e arquitetura. Apesar de ter produzido centenas de edifícios de excelente qualidade técnica e inventividade formal, o reconhecimento de seu trabalho ainda se limita, no Brasil e no exterior, a um punhado de edifícios canônicos. Sua complexa e variada vida profissional, estendendo-se das décadas de 1940 a 1980, vem sendo identificada de maneira um tanto superficial com uma suposta escola paulista – uma construção histórica um tanto reducionista e de limites temporais e conceituais bastante imprecisos.

A qualidade de suas obras e de sua atuação profissional, acadêmica e militância política é reconhecida tanto no Brasil quanto no exterior; assim, Artigas não pode ser considerado um personagem desconhecido, cuja reputação deva ser estabelecida ou revelada. Por outro lado, sua carreira, seus trabalhos e atos têm sido frequentemente tratados por críticos, escritores e historiadores segundo algumas e limitadas interpretações. As quais têm paradoxalmente se acumulado sobre o personagem em camadas rígidas e clichês estratificados, prejudicando um reconhecimento mais complexo de sua contribuição arquitetônica.

Para se ativar uma adequada compreensão da importância e da qualidade de sua obra, sem simultaneamente endossar algumas interpretações ideológicas fixas sobre sua vida e seu tempo, caberia rever como Artigas vem sendo compreendido, interpretado e tratado pelos sucessivos críticos e historiadores que ajudaram a construir essa sua persona contemporânea. Para tentar atingir este objetivo, é necessário recuar brevemente para a década de 1940, recapitulando como a construção do paradigma do *gênio* foi empregado para explicar a explosão da arquitetura moderna no Brasil nos anos 1930-1940, e como esse paradigma foi reforçado e contraposto com a construção de alguns hipotéticos antagonistas, dentre os quais pode-se incluir, a seu contragosto, Vilanova Artigas.

A seguir, seria necessário compreender como o paradigma da unidade/identidade da arquitetura brasileira, centrado nas manifestações da escola carioca gradualmente caduca e se dissolve após 1960, e como é então parcialmente compensado pela inclusão do paradigma historiográfico de uma escola paulista, construído de maneira mais ou menos complementar e espelhada. E verificar, a seguir, como a construção historiográfica de uma escola paulista brutalista abrangendo o período entre 1955-1975 teve suas fronteiras históricas artificialmente expandidas e derramadas sobre as décadas de 80 e 90, aterrissando na contemporaneidade, à maneira de um rótulo genérico e impreciso, a chamada escola paulista, sem adjetivos. Trata-se de uma categoria historiográfica imprecisa, sem fronteiras formais ou temporais claras; mas que, apesar de sua parca consistência, vem obtendo credibilidade nacional e, recentemente, internacional.

Finalmente, como o advento, já no fim do século 20, de uma nova geração de arquitetos brasileiros talentosos, unida a seus críticos orgânicos, vêm construindo uma versão pessoal e destilada da herança de Vilanova Artigas, sancionando seu próprio prestígio pela revivescência de alguns dos debates éticos dos anos 1960 – talvez para condimentar os debates reducionistas e superficiais sobre a arquitetura contemporânea brasileira.

É praticamente impossível tentar comprimir de forma adequada todas essas informações e questões, de alto grau de complexidade, em um texto muito breve. Mas pode-se tentar selecionar alguns de seus aspectos principais e rapidamente apresentá-los, para talvez estimular alguma reflexão e debate.

Gênios são criados no céu

Em 1947, a revista de arquitetura *Anteprojeto*, editada pelos estudantes da Faculdade de Arquitetura da Universidade Nacional do Rio de Janeiro, publicou um artigo denominado "Arquitetura contemporânea brasileira" dedicado ao "arquiteto Lúcio Costa, mestre da arquitetura tradicional e pioneiro da arquitetura contemporânea no Brasil".[1] Era uma homenagem despretensiosa, mas deu ocasião a uma controvérsia importante, que desembocou no estabelecimento de um paradigma historiográfico persistente, que se manteve inquestionável por décadas, e ainda hoje é evocado.

A controvérsia estabeleceu-se quando o jornalista e crítico paulista Geraldo Ferraz questionou o status de pioneiro dado a Costa, considerando-o uma "distorção grosseira da verdade histórica [ignorando] a primazia manifestada em São Paulo por Gregori Warchavchik e Flávio de Carvalho". Na opinião do jornalista, o fato repetia o erro do catálogo do MoMA, de Nova York, lançado por ocasião da exposição *Brazil Builds*; e desafiava Lúcio Costa a "restabelecer a hierarquia dos acontecimentos na ordem exata em que se deram, e que afinal, podem ser documentalmente provados".[2]

Em sua resposta (1948), Costa não endossou as queixas de Ferraz. Aceitava que seu amigo e ex-sócio, Warchavchik, de fato projetara as primeiras casas modernistas no Brasil após 1927, e reconheceu a ação demolidora das ações performáticas de arte e arquitetura de Carvalho. Mas, para Costa, aqueles não seriam os marcos mais importantes para compreender a arquitetura moderna brasileira, já que não haviam sido instrumentais para deflagrar o enorme reconhecimento internacional ocorrido no período imediatamente após a segunda guerra. Para Costa, esse reconhecimento teria acontecido devido a uma razão, completamente diferente, singular e excepcional: a clara manifestação da genialidade de um arquiteto absolutamente brilhante. A saber, Oscar Niemeyer.[3]

Ao mudar o foco e apontá-lo para seu então jovem *protegée*, Costa desconsiderava a importância do ritmo temporal dos eventos. E para construir uma narrativa que englobasse o conjunto de obras da moderna arquitetura brasileira, despejou todo o peso dessa história no fato singular, o irromper repentino de um gênio, evento que desafiava qualquer explicação racional, nem podia ser facilmente repetido. Essa inclusão do Brasil no ranking da arquitetura moderna em chave de exceção fortuita era talvez um movimento estratégico: uma solução diplomática para acomodar, sem responder, a dúvida incômoda provocada pela existência de uma modernidade brasileira que, indiretamente, questionava a validade do discurso da vanguarda europeia sobre a modernidade ser um resultado, quase um subproduto, da industrialização avançada.

A ideia do gênio era conciliatória e palatável, e talvez por isso prosperou, dentro e fora do país. e assim, a arquitetura moderna brasileira passaria a ser sempre, e cada vez mais, identificada e reduzida, pelos comentadores, críticos e historiadores, aos trabalhos de um único arquiteto genial. Tanto no Brasil, como no exterior tornou-se obrigatória a referência direta ou indireta a Niemeyer quando se falava de arquitetura brasileira, e mesmo quando o assunto fosse, de fato, o trabalho de algum outro profissional local. Ademais, quando os críticos locais ou estrangeiros queriam ser polêmicos, só precisavam favorecer algum outro/a arquiteto/a brasileiro/a, enfatizando as supostas diferenças dele/dela com o trabalho e a postura de Niemeyer. Como se sabe, Affonso Eduardo Reidy foi um dos nêmeses preferidos dessas disputas falsas, redutivas e bipolares. E como se verá adiante, Artigas também.

Entretanto, a intenção de Costa não era minimizar a contribuição de outros arquitetos. Sua missão tinha natureza mais estratégica e política, e seu foco era a consolidação da ideia de uma identidade nacional arquitetônica:

> a transmutação, pelo traço original de Oscar Niemeyer, do vocabulário plástico corbusiano pode ter parecido a Lúcio Costa mais que a resposta tão procurada de uma expressão local de síntese fecunda entre o nacional e o internacional ou tradição e modernidade; uma contribuição de enriquecimento ao vocabulário da disciplina.[4]

Carlos Eduardo Dias Comas acrescenta novas camadas de sutilezas a esta interpretação.

> O sucesso [da arquitetura moderna brasileira] no exterior lhe dá potencial de emblema, e contribui para uma hegemonia que se firma por volta dos 1950. A arquitetura moderna brasileira vai se tornar pendão de um nacionalismo que recrudesce num clima de guerra fria, quanto a ideia de país atrasado se substitui pela de país subdesenvolvido do Terceiro Mundo. À direita, o nacionalismo interessa porque viabiliza a homogeneização cultural que o processo de industrialização demanda, seja em termos de força de trabalho ou de mercado consumidor. À esquerda, o nacionalismo interessa enquanto reação à integração do país no bloco Ocidental.[5]

Uma vez estabelecida essa interpretação do gênio nacional, qualquer tentativa de ampliar o campo acrescentando outros arquitetos e suas obras à corrente principal da história da arquitetura brasileira era frequentemente (mal) interpretada, como se implicasse em uma disputa contra a proeminência de Oscar Niemeyer. Naturalmente, as óbvias e superiores qualidades dos trabalhos de Niemeyer ajudaram a consolidar o mito, uma vez que seus projetos eram, sem dúvida alguma, bastante ousados, interessantes e inovadores, garantindo que todos nós, brasileiros/as, nos orgulhássemos dele. Por outro lado, qualquer esforço para ampliar o panorama, organizando uma historiografia que incluísse um conjunto mais inclusivo de obras, também corria o risco de ser (mal) interpretado como uma tentativa de romper a *unidade* da *identidade* da arquitetura moderna brasileira. Algo que nem arquitetos, nem historiadores e nem críticos, de direita ou de esquerda, queriam que acontecesse – como bem explicou Comas.

Correntes divergentes sob um mar de rosas

Embora o paradigma da identidade/unidade da arquitetura moderna brasileira tenha ganhado status de interpretação quase oficial, alguns contrapontos mais ou menos explícitos continuaram a surgir, tanto no Brasil quanto no exterior. Um exemplo dos mais interessantes é a contribuição de Lina Bo Bardi ao tema quando ela apresenta João Baptista Vilanova Artigas, em *Habitat*, como uma espécie de antítese brasileira/paulista da arquitetura moderna brasileira/carioca.

Poucos anos depois de imigrarem para o Brasil, Pietro Maria Bardi e Lina Bo Bardi lançaram a *Habitat*, uma "revista para as artes e a arquitetura".[6] Nela, publicam o que talvez sejam os primeiros esforços em prol de uma crítica de arquitetura independente, aqui significando a adoção de uma atitude nem engajada politicamente com a construção de uma narrativa nacional, nem afiliada a um discurso ideológico preciso, nem sedimentada em uma defesa sindical da profissão do arquiteto. Atuando quais franco-atiradores culturais em alvos móveis, o casal Bardi e seus amigos locais e internacionais publicaram em *Habitat* artigos elogiando intensamente a arquitetura brasileira da escola carioca enquanto mais ou menos sutilmente apontavam suas supostas fraquezas. E talvez para confirmar sua adoção de São Paulo como sua casa e mostrar seu desconforto com a predominância do Rio de Janeiro na arquitetura moderna brasileira, escolhem publicar, na capa e no artigo principal da primeira edição da revista *Habitat* (1950), algumas das casas até então projetadas e construídas por João Batista Vilanova Artigas.

Nascido em Curitiba em 1915, de uma família de trabalhadores, Artigas veio para São Paulo na década de 1930 para estudar arquitetura na Escola Politécnica da Universidade de São Paulo, tornando-se engenheiro-arquiteto em 1938. Depois de uma década de experiência profissional projetando e construindo edifícios relativamente pequenos para clientes particulares, a linguagem de seus trabalhos se realinha, a partir de meados da década de 1940, com as características da arquitetura moderna brasileira da escola carioca, sem jamais perder completamente sua filiação inicial wrightiana, traço que Artigas manteria até seus últimos trabalhos. No momento da publicação de *Habitat* ele frequentava os círculos artísticos locais, sendo ele mesmo um excelente desenhista, engajava-se em debates profissionais e participava ativamente da criação do braço local do Instituto Brasileiro de Arquitetos – IAB, além de haver começado seu relacionamento com o então proscrito partido comunista. Ademais, havia colaborado por um breve período com Gregori Warchavchik, no concurso para a sede da prefeitura de São Paulo. Quando algumas de suas casas foram publicadas na *Habitat*, em 1950, ele já tinha obtido e desfrutado de uma bolsa de estudos da Fundação Guggenheim, o que lhe permitiu viajar com sua esposa Virgínia, também artista plástica, de costa a costa pelos Estados Unidos por um ano (1947-1948). Já então alguns de seus trabalhos haviam sido publicados fora do país, façanha alcançada naquele momento por uns poucos colegas arquitetos paulistas, mais velhos e de muito prestígio, como Rino Levi, Gregori Warchavchik e Oswaldo Bratke. Um currículo incrível para um então jovem e certamente talentoso arquiteto, que não dispunha de vínculos familiares de peso para dar impulso à sua carreira profissional.

Apesar desse considerável sucesso, Lina Bo Bardi escolhe iniciar seu artigo "Casas de Artigas"[7] com uma descrição de tipo psicológico: "Artigas é um temperamento retraído. Trabalha na sombra; o seu nome não aparece nas revistas, e ele não gosta de publicar projetos". Tal argumento quase ficcional é fabricado por Lina para afirmar que, para Artigas, "arquitetura é trabalho realizado, acabado, resolvido em cada pormenor". Na terceira frase, Lina alcançava o foco de sua análise crítica, relacionando os trabalhos de Artigas com os valores de "humanidade e domesticidade". Tais características se manifestariam pela ausência de certas qualidades, uma vez que, segundo ela, "uma casa construída por Artigas não segue as leis ditadas pela vida de rotina do homem, mas lhe impõe uma lei vital, uma moral que é sempre severa, quase puritana. Não é *vistosa*, nem se impõe por uma aparência de modernidade, que já hoje se pode definir num estilismo". As casas de Artigas "não se exaurem na única impressão de prazer comunicada por uma boa arquitetura de exteriores". A arquitetura de Artigas seria "quase sempre severa, puritana" e também *moral*. Para inaugurar sua nova revista, ela não queria publicar arquiteturas vistosas ou estilosas, epítetos utilizados talvez em velada menção à modernidade carioca. Ao contrário, em *Habitat*, Lina optava por favorecer boas obras de arquitetura moderna que não eram apenas o resultado de exercícios meramente formais.

Curiosamente, e apesar das diferenças naturais de clima e lugar, uma leitura atenta das casas de Artigas, ali publicadas, mostra mais proximidades do que distâncias com relação aos procedimentos projetuais empregados pela escola carioca; relembrando que o descolamento de Artigas das pautas do modernismo carioca em direção a uma atitude brutalista só irá acontecer uma década mais tarde. Por outro lado, embora somente mais tarde, nos anos 1960, é que Artigas iria alcançar um papel proeminente e marcante no âmbito da produção arquitetônica paulista, em 1950 ele já era uma pessoa pública, inclusive por suas conexões, então veladas, com o proscrito Partido Comunista. Sob qualquer ponto de vista objetivo, a interpretação de Lina nas primeiras linhas de seu artigo em *Habitat* tem cunho mais ficcional que factual. Mas a sorte estava lançada. O rótulo de pessoa retirada e melancólica projetando casas e edifícios morais iria grudar, perseguindo as interpretações sobre sua obra até mesmo depois de sua morte, nos anos 1980, e ainda hoje.

Artigas não foi o único *enfant terrible* ou *espírito do contra* fabricado pelos críticos brasileiros e internacionais, menos para compreender suas obras que para desestabilizar a proeminência de Niemeyer e da escola carioca. Antes mesmo da inauguração de Brasília (1960) o paradigma interpretativo simplificado sobre a arquitetura moderna brasileira já estava disponível nacional e internacionalmente, para uso regular e superficial. Acima de tudo, pairava a admiração e o destaque explícito a Oscar Niemeyer como o gênio nativo,[8] e apenas oscilando com a construção da nova capital, Brasília. Por outro lado, qualquer outro arquiteto brasileiro, independentemente do lugar onde praticava seu ofício, tinha sua obra nublada por uma espécie de capa da invisibilidade, que fazia com que sua posição fosse interpretada seja como discípulo, seja como contestador do mestre, e em qualquer caso, como figura secundária. Arquitetos de muito talento como o carioca Affonso Eduardo Reidy e o paulista João Batista Vilanova Artigas, que em outras circunstâncias teriam seu prestígio reconhecido por si mesmo, entraram para boa parte da historiografia de época (e muitas vezes seguem sendo assim referidos), como se configurassem nêmeses de Niemeyer, como se suas obras nascessem ou devessem ser interpretadas na clave de falsas disputas bipolares. E em qualquer caso, o que estava e muitas vezes segue estando ausente dessa cena é uma análise cuidadosa e desapaixonada das obras produzidas por todos esses personagens – inclusive Niemeyer – antes de quaisquer interpretações prontas a priori serem admitidas. A historiografia da arquitetura moderna brasileira, e mesmo sua posição no panorama arquitetônico mundial do século 20, foi permanentemente afetada por pressuposições estagnadas e por ausências inexplicáveis.

A reputação atual de Vilanova Artigas não pode ser estendida retroativamente, como é comum acontecer atualmente. Sua posição em relação ao campo profissional paulista e brasileiro sofreu mudanças ao longo de sua carreira profissional, e sua plena maturidade em termos de obra e de influência pessoal e política só vai ocorrer de fato nos anos 1960. O reconhecimento nacional de sua figura, embora já fosse conhecido por muitos, só ganhou maior destaque após os anos 1980, e principalmente pela ousada qualidade de sua produção arquitetônica de corte brutalista. E quando seu prestígio muda, se amplia e se alastra, uma outra construção historiográfica começa a ser estabelecida: aquela que afirmava ser Vilanova Artigas o suposto líder da chamada escola paulista brutalista. O que, novamente, não é uma interpretação totalmente precisa – nem da existência dessa escola, nem de sua posição de líder – ao menos não a priori. Para desembaraçar esta questão, mais sutil que a anterior, é preciso um certo esforço; mas que, de novo, só pode acontecer aqui de maneira muito rápida.

A invenção da escola paulista/brutalista

Em seu artigo "A ideia de uma identidade paulista na historiografia de arquitetura brasileira",[9] Paula Gorenstein Dedecca afirma que: "Na historiografia de arquitetura, o tema paulista emerge em meados de 1960 como parte de uma discussão mais ampla acerca da arquitetura moderna brasileira, esmaecendo, de certa forma, a primazia dedicada à vertente carioca".[10] E isso ocorre simultaneamente a uma singular sobreposição temporal de fatos, que certamente estão relacionados entre si, mas provavelmente não em uma relação simplista de causa/efeito: o declínio da escola carioca; a inauguração de Brasília; o surgimento da tendência brutalista (principalmente, mas não exclusivamente, na arquitetura paulista) no final dos anos 1950; e alguns anos depois, o fatídico golpe militar de 1964.

Em São Paulo, uma nova geração de talentosos arquitetos formados ao redor de 1955 e em diante, vai dar início à realização de alguns trabalhos exemplares que posteriormente serão reunidos, pelos críticos e historiadores, sob a égide da tendência denominada como arquitetura brutalista.[11] Assumida desde o início de suas carreiras por aquela jovem geração de arquitetos, a tendência brutalista é também em seguida adotada por representantes das gerações anteriores, que reforçam as fileiras brutalistas com seu oportuno realinhamento. Vilanova Artigas foi certamente um dos mais importantes, mas não o único, dentre esses personagens de uma geração mais velha que vai radicalmente mudar sua prática, embora Artigas sempre permaneça fiel a alguns de seus temas prediletos, presentes em toda sua obra. Após uma primeira fase inicial dita wrightiana (até ~1944) e uma segunda fase dita corbusiana-carioca (até ~1956), Vilanova Artigas irá produzir alguns dos mais notáveis edifícios com estruturas ousadas e formalmente inovadoras em concreto aparente, principalmente após 1959. Naquele momento, por sua maior idade e experiência e seu status profissional e professoral consolidados, Artigas situava-se em uma posição privilegiada para assumir um papel importante e exemplar na arquitetura paulista e brasileira dos anos 1960-1980.

Apesar de ter seus trabalhos regularmente publicados em revistas locais e apesar de ser possível encontrar algumas breves menções ao brutalismo de Artigas em revistas internacionais,[12] um relato mais abrangente de obras de sua fase brutalista e o reconhecimento de sua posição gradualmente mais destacada entre seus pares, a partir dos anos 1960, só vem a ser proposto em 1973 pelo historiador francês Yves Bruand, em sua tese de doutoramento *Arquitetura contemporânea no Brasil*.[13] Na sua abrangente tese sobre a arquitetura brasileira moderna do século 20, Bruand adota basicamente o mesmo viés das interpretações até então existentes e estabelecidas, assumindo sua identidade carioca e confirmando o paradigma do gênio ligado à figura de Niemeyer. No entanto, o historiador francês também buscou ampliar esse panorama ao incluir vários outros personagens e obras em seu relato. Na última parte da sua tese, Bruand reconhece as diferenças entre a arquitetura brasileira das décadas de 1940-1950 e as da década de 1960, e o deslocamento geográfico de interesse do Rio de Janeiro para São Paulo. Mas como implicitamente adotava o paradigma historiográfico predominante, fundamentado na defesa da unidade/identidade da arquitetura moderna brasileira, ele opta por explicar essas diferenças entre as produções cariocas e as de Artigas não como alteridade, mas sugerindo a existência de uma rivalidade (como se não fosse outra coisa, e sim a oposta da anterior). Com isso vai consolidar, a partir de então, uma das mais influentes leituras ou narrativas historiográficas sobre a arquitetura brasileira acerca da segunda metade do século 20. Uma leitura que segue sendo constantemente revisitada.

Talvez por sua formação cultural europeia e acadêmica, Bruand demonstra certo respeito atávico pelos mais velhos. Em meados dos anos 1960, ao encontrar a obra brutalista de Artigas, em meio a um conjunto já amplo de outras obras paulistas brutalistas, escolhe interpretar a figura de Artigas como a de um *chef de file*, sugerindo portanto a existência de uma relação hierárquica, professor/discípulo, entre Artigas e vários outros bons arquitetos da geração local que ele apresenta também em sua tese. E estende essa hierarquia a um papel de liderança nessa possível escola paulista brutalista que ele sugere existir. Entretanto, essa interpretação não é exatamente precisa. A maioria dos jovens arquitetos da geração de 1950-1960 citados por Bruand não tinha estudado com Vilanova Artigas, haviam iniciado suas carreiras e realizados suas primeiras obras brutalistas simultaneamente, e algumas vezes até antes da adoção plena da linguagem da tendência brutalista por Artigas.[14]

Entretanto, e uma vez mais, a importância de considerar os fatos e eventos na ordem, ritmo e sequência que aconteceram é desconsiderada e minimizada, em prol de uma interpretação já então familiar: a do surgimento de um prodígio local, espelhando, de alguma maneira, a estrutura narrativa típica proposta para a escola carioca, quase duas décadas antes. Embora, no caso paulista, a simetria não fosse perfeita: o *gênio* carioca foi substituído pelo *mentor* paulista, e os papéis de Lúcio Costa, como líder intelectual, e de Oscar

Niemeyer, como o arquiteto de talento, foram ambos atribuídos, em São Paulo, a Vilanova Artigas.

Note-se que a realidade é mais banal e tem menos charme que a interpretação. E que estas necessárias correções e esclarecimentos sobre a invenção historiográfica da escola paulista brutalista de maneira nenhuma estão sendo feitas para diminuir a enorme importância da contribuição de Vilanova Artigas à arquitetura brasileira em geral, e nos anos 1960 em diante, em particular. Ao contrário: uma pesquisa ampla e sistemática sobre o repertório de obras da tendência paulista brutalista revela a extensão de sua contribuição em termos de edifícios notáveis projetados naquele período.[15] Ademais, para complicar, uma outra e um pouco mais jovem geração de arquitetos paulistas entra em cena depois de 1965, e irá adotar Artigas ufanamente como seu mestre e exemplo. E a mesma adoção ufanista ocorrerá novamente, duas décadas depois, com uma parte da geração de arquitetos formados após 1985, e que desejam ser considerados como uma espécie de discípulos póstumos do mestre – já que a maioria deles teve um contato pessoal muito breve ou nulo com Artigas, falecido em 1985.

Quando Artigas aparece, o Brasil sai de cena

Apesar de ser possível constatar, a posteriori, as falhas da narrativa historiográfica de Bruand, um estudo sistemático e uma leitura atenta do vasto repertório de exemplos eruditos presentes na arquitetura moderna brasileira dos anos 1960 vai confirmar que as obras e a pessoa de Vilanova Artigas tiveram, na época, um inegável protagonismo. Mas tal fato nem sempre foi claramente aceito ou reconhecido, e só passa a ser afirmado por escrito, no Brasil, não antes dos anos 1980, e no exterior, somente no século 21.

A partir dos anos 1960, ou melhor, na segunda metade do século 20, a situação da arquitetura moderna brasileira e de seu reconhecimento internacional é bastante distinta daquela das décadas de 1930-1950. Um complexo conjunto de circunstâncias entra em cena: o amplo preconceito internacional contra a realização de Brasília, somado à crescente crítica geral contra as *falhas* da arquitetura moderna contribuíram para diminuir o interesse dos críticos, historiadores e editores internacionais pela arquitetura brasileira realizada depois, nos anos 1960-1970. A quebra da simpatia em relação ao Brasil piorou ainda mais depois do golpe militar de 1964, quando o país passa a ser dirigido por uma ditadura civil-militar de regime autoritário e tecnocrático. Que paradoxalmente promoveu uma enorme quantidade de obras públicas por todo o país, nas quais a quase totalidade dos arquitetos brasileiros, de todas as cores políticas, se engajou. Ainda assim, a maioria dos críticos e editores das grandes revistas internacionais daquele período não toleravam os abusos que vinham sendo cometidos contra os diretos humanos, resultando em uma rejeição implícita, talvez injusta, mas efetiva, à arquitetura brasileira, cujas obras praticamente desaparecem do radar editorial e cultural internacional.

    A posição política de esquerda de Artigas e sua clara discordância com a ditadura militar foi internacionalmente reforçada pelo prêmio Jean Tschumi de Educação Arquitetônica da União Internacional dos Arquitetos – UIA, recebido pelo arquiteto brasileiro em 1972. Mas, apesar disso, tanto suas obras como as de vários outros arquitetos paulistas, projetadas na tendência brutalista, durante ou logo após a construção de Brasília, acabaram sendo internacionalmente desconsideradas ou não reconhecidas; e a situação assim permaneceu até bem recentemente. Na segunda metade do século 20, na historiografia mundial dita universal, mas de fato de origem e corte nitidamente europeu, sobreviveram apenas algumas referências à arquitetura moderna brasileira, ainda alinhadas com mítica explicação genial de seu surgimento via escola moderna carioca, sendo como tal brevemente incluída nas histórias canônicas e manuais de arquitetura. Naquele momento, a arquitetura brasileira moderna pré-1960 era tratada como um episódio transitório e quase mítico, e a arquitetura moderna brasileira pós-Brasília permanecia ignorada e desconhecida; e assim se mantiveram por décadas.[16]

Antes e depois de aparecerem na primeira revista *Habitat*, os trabalhos de Vilanova Artigas eram regular e moderadamente publicados em revistas locais e internacionais. Mas sua reputação nacional só deslanchou de fato após o projeto e obra do novo edifício da Faculdade de Arquitetura e Urbanismo da Universidade de São Paulo – FAU USP (1961-1969), apesar de seu autor ter sido removido, por questões políticas, de sua posição como professor da escola em 1969. Em 1980, depois da anistia política, Artigas voltou à universidade. Em 1981, a tese de Bruand foi publicada em português.[17] Também em 1981 um livro reunindo alguns dos textos políticos e estéticos de Artigas foi publicado.[18] Os primeiros estudos monográficos sobre seu trabalho, considerando-o a partir de um ponto de vista formal, construtivo e arquitetônico, só apareceram após 1984.[19]

A anistia política e a publicação de seus textos trouxeram para o foco do debate seu papel, até então semioculto, de militante político de esquerda. A revelação estimulou a imaginação de alguns críticos, levando-os a sugerir que a base da criatividade arquitetônica de Artigas derivava de suas posições políticas e que a explicação para sua obra deveria ser buscada fora do campo da arquitetura. Apesar da sua evidente fragilidade conceitual, esse viés político de interpretação gradualmente ganhou força; alguns críticos, talvez mais ingênuos, chegaram mesmo a entender que o partido arquitetônico e o detalhamento dos projetos de Artigas deviam ser entendidos como subprodutos de suas convicções políticas. Mais uma vez, citando Dedecca, como se "a sua [de Artigas] atuação política, tomada frente à arquitetura, emerg[isse] como o eixo de compreensão o entendimento de sua trajetória [projetual]".[20]

O próprio Artigas, de certa maneira, incentivou esse tipo de interpretação em algumas das entrevistas que concedeu a variados pesquisadores, um pouco antes de sua morte (1985). Nessas suas últimas palavras, Artigas parece adotar uma visão retrospectiva sobre sua própria trajetória um tanto desencantada. Essas declarações extemporâneas não eram necessariamente congruentes com suas atitudes e convicções prévias, conforme foram de fato se sucedendo, ao longo das cinco décadas de sua carreira profissional. Mas infelizmente, essa interpretação desencantada, provavelmente distorcida, é a que animou o tom do primeiro livro panorâmico sobre sua obra, publicado em 1987. Nessa publicação, os editores editam e espalham essas palavras finais de Artigas ao longo do livro, justapondo-as com imagens e desenhos de seus edifícios das décadas de 1940-1970. Com isso, modificavam o peso e o significado de cada obra, criando discursos extemporâneos justapostos e sugerindo relações e interpretações arquitetônicas ficcionais e anacrônicas,[21] que quase sempre favoreciam o viés de interpretação político/arquitetônica acima referido. Essa construção mal-ajambrada, feita de relatos anacrônicos, foi curiosamente muito bem sucedida: os textos frankenstênicos e editados que contém foram traduzidos para outras línguas, passaram a ser abundantemente aceitos como verdade absoluta e como tal citados, em variados estudos nacionais e internacionais. Essa repetição confiante e acrítica reforçou a lenda político-estética sobre Artigas, tornando-se com o tempo uma interpretação quase oficial sobre seu trabalho.

De um ponto de vista rigorosamente historiográfico, essa manipulação mais ou menos descarada das fontes resultou em uma autêntica armadilha: consolidou uma falsa verdade, muito complicada de destrinchar e quase impossível de questionar sem – de alguma forma, e como subproduto indesejável – contaminar a imagem do mestre.

Quando se internacionaliza, a escola paulista vira uma trindade

O reaparecimento e reconhecimento tardio da arquitetura moderna brasileira no cenário internacional é retomado depois dos anos 1990. Recomeça oportunamente com o interesse pela extraordinária obra de Lina Bo Bardi como arquiteta e designer; no rastro de seu prestígio, décadas de silêncio e desinteresse desmoronam, trazendo o reconhecimento e enaltecimento de pelo menos dois outros importantes arquitetos da geração brasileira/paulista moderna: Paulo Mendes da Rocha, ganhador do Prêmio Pritzker 2006, ainda vivo e em franca produção; e, mais recentemente, ainda apenas para um grupo mais seleto de especialistas, João Batista Vilanova Artigas.

O papel de *agente provocador* de Lina nos anos 1950, suas circunstâncias de emigrada, sua condição feminina, seu enfrentamento contra os preconceitos da cidade de São Paulo, naquele momento ainda de mentalidade provinciana, e o radicalismo de suas posições não eram propriamente os melhores ingredientes para que ela estabelecesse uma prática profissional regular como arquiteta, o que só vai ocorrer de maneira mais sistemática no final de sua carreira. Até os anos 1980, embora Lina tivesse já produzido vários projetos e edifícios notáveis, seus trabalhos eram conspicuamente ignorados por colegas e arquitetos locais. Alavancada pela inauguração do Centro de Lazer Sesc Pompeia (1985), uma nova geração de arquitetos, críticos e historiadores ajudou a transformar esse injusto esquecimento em um merecido reconhecimento. Uma onda de interesse editorial e acadêmico passou a reexaminar seus primeiros e seus últimos projetos, e a ousadia de seus trabalhos finalmente recebeu o devido reconhecimento. Não vou me estender no também interessantíssimo caso de Mendes da Rocha, cujo crescente e merecido prestígio floresce no século 21, sinalizando uma mudança no estado de espírito do campo arquitetônico que o prêmio Pritzker apenas confirmou.

A revelação internacional das obras e da trajetória profissional de Vilanova Artigas vem também acontecendo, mas como se tentou aqui debater, ocorre sob a égide de algumas narrativas historiográficas estabelecidas, em especial a ficção do gênio nativo e de seus nêmesis e a ficção da dualidade entre a escola paulista e a escola carioca, ambas implicitamente promovendo uma imagem icônica de Vilanova Artigas como líder de um grupo paulista, em contraposição a um grupo carioca sinalizado por Niemeyer/Costa. A nova onda de prestígio internacional de Artigas também foi parcialmente construída sobre a ideia frágil, mas paradoxalmente convincente, de se tratar de um personagem épico, capaz de sustentar uma suposta conexão inconsútil e miraculosa entre sua ação política e sua ação projetual criativa. E muitos dos melhores críticos nacionais e internacionais se deixaram levar por todos esses falsos e quase ingênuos *faux pas*.

Porém, se o estofo das lendas é feito no silêncio dos gabinetes, sua confirmação se dá pelo murmúrio das multidões. O reconhecimento devido à obra de Artigas pagou um preço. E a remoção das sombras, que antes cobriram a arquitetura moderna e tardo-moderna brasileira, cujo reconhecimento estava enredado pela marca da exceção, da genialidade e da extravagância, não se deu pelo desvelar desses mitos. Ao contrário: ao realizar-se, adicionou-lhes novas camadas, de novos mitos.

Mas, apesar das inevitáveis falhas que a fragilidade humana sempre irá infundir em quaisquer narrativas historiográficas, a obra e os edifícios de João Batista Vilanova Artigas, arquiteto brasileiro e paulista, certamente merecem ser reconhecidos, estudados, admirados. E, inclusive, incluídos no Olimpo das melhores obras e dos mais talentosos arquitetos modernos do século 20. De preferência sem apêndices adjetivos, tais como regionalista ou étnico: rótulos que parecem sinalizar uma possível inclusão quando são, de fato, uma exclusão velada em tom de politicamente correto. Assim como seus demais colegas arquitetos modernos, trabalhando em meados do século 20, em todo o mundo, Vilanova Artigas buscava alcançar, em suas obras, certo equilíbrio entre o universal e local. Equilíbrio utópico e inatingível, mas sempre perseguido da maneira mais ousada e afirmativa possível.

Talvez o melhor cenário para se evitar a mistificação e construção de um empíreo de arquitetos-estrela seja insistir na prioridade e importância do estudo e avaliação imparcial de seus edifícios. A ascensão ou declínio da reputação de um arquiteto, dentro ou fora de sua região ou país natal, pode não ser o melhor início para se obter uma compreensão profunda sobre seus ainda não reconhecidos marcos arquitetônicos.

A lenda do Artigas moral, iniciada por Lina, ratificada por Bruand e aumentada por vários outros autores contemporâneos, trabalhou como a tática de enquadrar sua reputação sob uma identidade e/ou um discurso quase folclórico, de esquerda. Quer ser elogiosa, mas caba por estabelecer uma reputação frágil em um marco limitado, que, de certa forma, ofusca e reduz as qualidades, complexidades e contradições de seus trabalhos e de sua vida profissional. Seria muito mais interessante reconhecer e estudar os edifícios de Vilanova Artigas em sua plenitude – bem mais do que apenas seguir interpretando-os segundo alguns estreitos e unidimensionais ditames do personagem das lendas.

Notas

NE. Texto apresentado originalmente no congresso da Society of Architectural Historians – SAH, em Pasadena USA, em abril de 2016. Tradução para o português de Anita Di Marco.

1. XAVIER, Alberto (Org.). *Lúcio Costa: sobre arquitetura*. Porto Alegre, Centro dos Estudantes Universitários de Arquitetura, 1962, p. 119.

2. Idem, ibidem, p. 122. Originalmente publicado em: FERRAZ, Geraldo. Falta o depoimento de Lúcio Costa. *Diário de São Paulo*, São Paulo, 1 fev. 1948.

3. Idem, ibidem, p. 198. Costa reforçará seus argumentos no texto "Depoimento de um arquiteto carioca", de 1951. Idem, ibidem, p. 169-201.

4. BASTOS, Maria Alice Junqueira; ZEIN, Ruth Verde. *Brasil: arquiteturas após 1950*. São Paulo, Perspectiva, 2010, p. 31.

5. COMAS, Carlos Eduardo Dias. Brazil Builds e a bossa barroca: notas sobre a singularização da arquitetura moderna brasileira. In *Anais do 6º Docomomo Brasil*. Niterói, 2005 <https://bit.ly/3ql1DZk>.

6. ZEIN, Ruth Verde. Habitat, Lina Bo Bardi y la Critica de Arquitectura no Alineada. *Summa+*, n. 101, Buenos Aires, jun. 2009, p. 32-41.

7. BARDI, Lina Bo. Casas de Artigas. *Habitat*, n. 1, São Paulo, out. 1950, p. 2.

8. PAPADAKI, Stamo. *The Work of Oscar Niemeyer*. Nova York, Reinhold, 1950.

9. DEDECCA, Paula Gorenstein. A ideia de uma identidade paulista na historiografia de arquitetura brasileira. *Revista Pós*, v. 19, n. 32, São Paulo, dez. 2012, p. 90-101 <https://bit.ly/43CIlmt>.

10. Idem, ibidem, p. 94.

11. De fato, alguns dos primeiros edifícios brutalistas no Brasil foram desenhados pelo carioca Affonso Eduardo Reidy, como o Museu de Arte do Rio de Janeiro (1953). Outros criadores, como Acacio Go Borsoi, em Pernambuco, também iniciam precocemente o emprego da linguagem brutalista.

12. ALFIERI, Bruno. Ricerca Brutalista. *Zodiac*, n. 6, Milão, 1960, p. 97.

13. BRUAND, Yves. *Arquitetura contemporânea no Brasil*. São Paulo, Perspectiva, 2010.

14. ZEIN, Ruth Verde. *A arquitetura da escola paulista brutalista 1953-1973*. Orientador Carlos Eduardo Dias Comas. Tese de doutorado. Porto Alegre, UFRGS, 2005 <https://bit.ly/3Nexicy>.

15. Idem, ibidem.
16. ZEIN, Ruth Verde. Brazil Architecture 1955-1980. In BERGDOLL, Barry; COMAS, Carlos Eduardo Dias; LIERNUR, Jorge Francisco; DEL REAL, Patricio (Org.). *Latin American in Construction: Architecture 1955-1980*. Nova York, MoMA, 2015.
17. O original em francês estava disponível na biblioteca da FAU USP, logo após sua conclusão em 1974.
18. ARTIGAS, João Batista Vilanova. *Caminhos da arquitetura*. São Paulo, Ciências Humanas, 1981.
19. ZEIN, Ruth Verde. Vilanova Artigas: a obra do arquiteto. *Projeto*, n. 66, São Paulo, ago. 1984, p. 79-91
20. DEDECCA, Paula Gorenstein. Op. cit., p. 97.
21. SEGAWA, Hugo. Vilanova Artigas, o renascer de um mestre. *Resenhas Online*, São Paulo, ano 01, n. 001.21, Vitruvius, jan. 2002 <www.vitruvius.com.br/revistas/read/resenhasonline/01.001/3258>.

Breuer e seus afetos, idas e vindas
Alguns cenários

Marcel Breuer aparece no cenário do início da vanguarda da arquitetura moderna no século 20 e desenvolve uma notável carreira profissional como designer, arquiteto, escritor e construtor. Apesar de discreta, sua presença é indispensável: Breuer parece estar sempre no lugar certo, na hora certa, fazendo a coisa certa, sendo enaltecido unanimemente como uma figura com um papel crucial, embora coadjuvante, desde pelo menos 1920, ano de sua admissão como aluno na Bauhaus, até 1976, ano de sua aposentadoria como sócio sênior de um bem-sucedido escritório de arquitetura nos Estados Unidos, com um significativo portfolio internacional. Entre essas duas datas, a criatividade de Breuer passou por fases distintas, exibindo diferentes propostas artísticas e arquitetônicas, com uma ampla variedade de formas e âmbitos. De modo que ele realmente incorpora o mito do arquiteto moderno capaz de projetar de uma colher a uma cidade ou, no seu caso, de cadeiras a grandes edifícios governamentais.

Entretanto, uma cuidadosa revisão em busca das obras e atividades do arquiteto Marcel Breuer nos principais manuais de história da arquitetura do século 20 encontra apenas referências esparsas e recorrentes. Depois do Edifício da Unesco (Paris, 1954), e com exceção do Museu Whitney (Nova York, 1963-1966), suas obras raramente são mencionadas nos livros canônicos de história da arquitetura escritos após 1975. Estranhamente, entre 1960-1970, Breuer estava no auge de sua carreira profissional: suas obras eram publicadas regularmente na maioria dos periódicos internacionais e livros detalhados sobre suas obras e ideias eram amplamente estudados, admirados e emulados em todo o mundo.

Não resta dúvida quanto à relevância de suas contribuições. Mas o reconhecimento de seus méritos continua relativamente preso àquelas obras que ele realizou anteriores aos anos 1960 e, principalmente, no início precoce e brilhante de sua carreira, quando sua criatividade artística se concentrava no projeto de mobiliário e design de interiores.

Já nos anos 1920-1930, Breuer criou objetos que se tornaram clássicos inquestionáveis e se apresentavam como demonstrações exemplares das possibilidades do desenho industrial e da produção em série. Suas criações ajudaram a consolidar a imagem inovadora da Bauhaus, tanto quanto os edifícios propostos por Walter Gropius e outros professores. Evoluindo rapidamente de aluno a professor, as criações de Marcel Breuer para a Bauhaus foram, provavelmente, capazes de inspirar seus próprios mestres – não podemos imaginar as cadeiras Barcelona de Mies van der Rohe ou as de Charlotte Perriand/Le Corbusier sem a contribuição anterior das cadeiras de Breuer.

Como outros arquitetos de sua geração, ele somente consegue construir seus primeiros projetos de arquitetura na década seguinte, pouco antes de deixar a Alemanha nazista devido à sua origem judaica.[1] Em uma breve passagem por Londres, entre 1935-1937, obteve o encargo de algumas obras arquitetônicas. Esse é exatamente o momento que historiadores ingleses tendem a considerar como sendo o fértil início da arquitetura moderna na Inglaterra, época em que coincide a presença temporária de arquitetos como Berthold Lubetkin, Eric Mendelsohn, Serge Chermayeff e do próprio Walter Gropius. O passo seguinte, tanto para Breuer como para Gropius, também logo seguido por outras personalidades da antiga Bauhaus, foi sua mudança para os Estados Unidos. Em 1937, Gropius assume o cargo de diretor do departamento de arquitetura da Universidade Harvard, em Cambridge, chama Breuer para entrar na equipe da escola e o convida para formar uma sociedade profissional.

A contribuição de Gropius para a educação arquitetônica é amplamente considerada e altamente apreciada, desde a Bauhaus aos Estados Unidos. Infelizmente, o mesmo papel protagonista não pode ser atribuído a seus trabalhos arquitetônicos nos Estados Unidos, que nunca obtiveram o prestígio ligado ao seu nome como educador. A associação profissional não duraria: Breuer deixaria a sociedade com

Gropius em 1941. Aceito como sócio menor pelo colega mais velho e com mais prestígio, Breuer era, no entanto, o elemento mais criativo da dupla – como se pode inferir dos resultados de suas subsequentes carreiras arquitetônicas. Mais velho, Gropius talvez fosse menos capaz de adaptar seus recursos de projeto às novas exigências e possibilidades disponíveis nos Estados Unidos. Henri-Russell Hitchcock crê que "as casas que Breuer projetou após a separação de Gropius têm interesse intrínseco muito maior; e como seria talvez mais natural no caso de um homem mais jovem, suas [casas] logo mostrariam uma adaptação mais integral ao estilo de vida característico e aos métodos de construção do Novo Mundo".[2]

Depois de 1946, Breuer deixa Harvard e estabelece seu escritório em Nova York; é quando projeta e constrói suas Casas Americanas, colocando-se na linha de frente dos debates de vanguarda sobre habitação na costa Leste americana. Trata-se de uma abordagem individualista e de classe média, se comparada com as propostas e debates sobre habitação em massa da Europa do pós-primeira guerra. E talvez por Breuer estar por perto, e não ser um dos grandes mestres (poupando o museu de lidar com problemas de ciúmes), é o protótipo de casa de Breuer que foi escolhido pelo Museu de Arte Moderna – MoMA em Nova York, para ser exposto em seu jardim de esculturas em 1949, sob o título *Casa modelo da moderna família americana*.[3] Foi visitada por "cerca de 75 mil pessoas, um recorde para a temporada"[4] e inaugurada logo depois da exposição *De Le Corbusier a Niemeyer: 1929-1949*.[5] Posteriormente, o prestigioso museu – reconhecido lançador de modas arquitetônicas – organizou uma exposição itinerante das obras de Breuer, promovendo ainda mais sua visibilidade e seu papel exemplar.

Durante os anos anteriores e posteriores à exposição do MoMA até o convite para projetar o edifício da Unesco em Paris (1953-1958, com Bernard Zehrfuss e Pier Luigi Nervi), Breuer foi considerado um "arquiteto de casas" – conforme se queixa em seu livro,[6] publicado quando ele tentava superar este rótulo e lançar sua carreira internacional. Apesar disso ainda hoje, para a maioria dos críticos e historiadores, as casas americanas de Breuer do período de 1944-1960 são os melhores exemplos de sua criatividade arquitetônica. Citando novamente Hitchcock, "se houve uma *escola* [nos Estados Unidos do pós-guerra] seria a de Gropius [...] mas a obra em si dos *gropiusianos*, por assim dizer, na verdade deriva mais da prática de seu antigo discípulo e sócio Breuer, do que dele mesmo".[7] Na maior parte das obras canônicas de história da arquitetura, as referências sobre Marcel Breuer param aqui, no final dos anos 1950. Estranhamente, é justamente depois deste momento que a metade do total de suas obras foi projetada: quantitativamente falando, sua terceira e última fase, brutalista, é a mais produtiva.

Mas as obras de Breuer dos seus últimos vinte anos de vida profissional (1956-1976) não são totalmente desconhecidas, já que foram *pari passu* amplamente publicadas em quase todos os periódicos arquitetônicos do mundo, e em seus próprios livros autobiográficos. Suas propostas construtivas, compositivas e estéticas de tendência brutalista também fizeram escola e foram apropriadas e glosadas por vários epígonos, em todo o mundo, e até mesmo por alguns brilhantes (e ainda não reconhecidos) discípulos *indiretos*. Mesmo assim, estudos mais recentes de sua obra não reconhecem plenamente a importância e a qualidade de sua última fase, que ainda não foi sistematicamente revista de um ponto de vista da crítica contemporânea.[8]

Após 1956, Marcel Breuer realizará uma grande quantidade de obras, em sua maioria de uso público, governamental ou institucional. Irá explorar mais ainda a tecnologia do concreto aparente, frequentemente com elementos estruturais pré-fabricados e/ou moldados in loco definindo fachadas estruturais, sempre com grande expressividade plástica. As experiências de Breuer configuraram um repertório de exemplos cronologicamente oportunos e adequados, acompanhando o considerável aumento de aplicações da tecnologia do concreto armado/protendido em todo mundo, nos anos 1950-1970, empregando técnicas construtivas inovadoras e tirando proveito de suas qualidades plásticas e estruturais – características que se tornaram uma tendência high-tech da arquitetura e da engenharia mundial naquele momento. Os exemplos brutalistas de Breuer eram promissores, visualmente agradáveis e facilmente emuláveis, e beneficiaram todos os arquitetos daquele momento, no mundo todo. De fato, as décadas de 1960-1970 foram inundadas de obras assemelhadas às de Breuer, espalhadas por todos os continentes, com ou sem reconhecimento formal ou direto de tal filiação, por seus autores.

Este breve relato da carreira profissional de Breuer não tem como objetivo exaurir o assunto.[9] Seu objetivo é sublinhar a relevância de sua obra e seu papel *exemplar* para pelo menos duas diferentes gerações de arquitetos – dos ansiosos modernistas[10] dos anos 1940-1950 aos experimentos brutalistas dos anos 1960-1970.

Idas e vindas: alguns cenários escolhidos

Na carreira americana de Breuer, é possível perceber algumas interessantes afinidades eletivas e alguns estimulantes e férteis diálogos entre ele, seus pares e seus admiradores. Tais afinidades e aproximações não ocorrem de maneira unidirecional, mas parecem saltar continentes em idas e vindas, de a Norte e Sul e vice-versa. Como acontecia em todo o mundo, também os arquitetos brasileiros estavam cientes e apreciavam as contribuições de Breuer. Por outro lado, Breuer também parecia estar atento às obras da arquitetura moderna brasileira carioca em seu espetacular reconhecimento internacional a partir dos anos 1940.

Não é uma tarefa tão difícil seguir a trilha das pistas das afinidades eletivas de Breuer, identificar algumas pegadas e propor algumas ideias perspicazes sobre o assunto. Mas também não é fácil, porque tal pesquisa termina sendo essencialmente visual. Assim, a brevidade deste texto e a pouca abundância de imagens permite apenas a sugestão de algumas ideias, sem exauri-las.

Nessa tarefa de entrelaçamento afetivo entre obras de vários autores, uma das ferramentas conceituais mais importantes é as datas dos projetos, que devem ser sempre cuidadosamente consideradas (mais do que a data do término das obras). Outra ferramenta conceitual importante é estabelecer uma atitude de primordial afeto pelas obras em estudo. Ou seja, a vontade de abordá-las com um olhar sincero e desarmado, despido das várias camadas de ideias rígidas sobre elas acumuladas ao longo de sua história recente. Convém também desconsiderar, ou não se deixar atrapalhar por afirmações genéricas e desatualizadas sobre o que seja (ou não) a arquitetura moderna, suas obras e seus autores, de maneira a tentar considerar essas obras sob uma visão mais ampla, de escala global. Sugere uma atitude de profundo respeito pelos documentos – ou seja, no caso, pelas obras, pelas construções. E de certa forma, firma uma posição contrária à adoção indiscriminada da ideia de transposição cultural, ao menos na sua versão mais simplificada: a que sugere que as ideias e formas sempre nascem alhures, e só depois viajam por um eixo imaginário, unidirecional, fluindo de Norte a Sul. Ideia muito generalizada, mas inadequada se invocada levianamente para a interpretação de fatos e feitos da arquitetura moderna da segunda metade do século 20, especialmente sem antes checar datas e melhor qualificar as obras.

Tendo em mente estas precauções teóricas,[11] pode-se tentar seguir a trilha proposta. Esta examinará mais de perto as críticas de Breuer a alguns marcos da arquitetura moderna carioca e as transmutações das colunas "V", "Y", "T", "W", indo da plasticidade de Niemeyer ao estruturalismo de Breuer, considerando os princípios de luz e sombra empregados por Breuer e a encarnação destes princípios nas suas fachadas estruturais moldadas. Por uma questão de brevidade, esse texto não avança no levantamento de outras obras também importantes de Breuer e das variações sobre esse tema praticadas por outros arquitetos.

Como primeiro passo, é necessário lembrar o impacto global e a profunda influência dos extraordinários edifícios da arquitetura moderna brasileira dos anos 1940-1950, fato também aumentado pelo relativo vácuo de outras proposições arquitetônicas no complicado momento do pós-segunda guerra, quando a Europa estava destruída e a construção civil nos Estados Unidos estava paralisada. Quando a impressão positiva e os elogios iniciais dessa modernidade brasileira se avolumam, seguiram-se também várias críticas, com qualidade, profundidade e consistência desiguais. Alguns dos mais acalorados debates em torno desses eventos arquitetônicos também ocorrem na então recém-criada Bienal de Arte e Arquitetura de São Paulo (1951).

Já então, como ainda hoje, a maioria dos arquitetos praticantes raramente encontra tempo e disposição para escrever críticas consequentes sobre as obras de outros arquitetos. Em compensação, com frequência, arquitetos produzem, mesmo se de modo silencioso e discreto, *correções das ideias de outros autores*, (re)desenhando-as em seus próprios projetos. *Posso fazer isso de um jeito bem melhor* seria um lema bem apropriado para arquitetos e designers. Ademais, esse é meio corrente pelo qual se acumula o conhecimento disciplinar da arquitetura: por tentativa e erro, por criação, divulgação, imitação e recriação.

A necessidade de acumulação e intercâmbio de conhecimento disciplinares era ainda mais aguda nos anos 1940-1970, momento em que, apesar de proclamar sua vitória sobre o academicismo, as batalhas da arquitetura moderna ainda não haviam cessado. Pelo contrário: o campo disciplinar da arquitetura moderna ainda era uma *obra em processo*, precisando tratar dos problemas e contradições advindos de seu sucesso e de sua expansão. Doutrinas são ótimas, mas não enchem barriga nem resolvem detalhes. Talvez por isso houvesse então uma forte necessidade de se definirem caminhos práticos para atender às necessidades reais de projetos e obras. Situação que estimulava arquitetas/os a estarem sempre bem cientes das obras dos colegas, não apenas por curiosidade, mas pela necessidade de encontrar apoio para o desenvolvimento de suas próprias criações.

Apesar de a arquitetura moderna ser suposta e estritamente funcional – inferindo-se que cada projeto deveria nascer do nada, quase *ex nihilo*, e se autoconstruir – na realidade, é impossível excluir totalmente do processo criativo projetual as questões ditas de estilo. E o mesmo poder-se-ia dizer das práticas da arquitetura moderna – mesmo quando seus mais famosos arquitetos e críticos orgânicos fossem nominalmente contra a ideia de estilo.[12] Cada projeto, além de atender às suas questões funcionais, dialoga com outros projetos temporalmente próximos (e mesmo alguns distantes); e o conjunto dessas obras de um certo tempo se parecem, podem ser a posteriori datadas por essas semelhanças, e bem se poderia chamar esse quê, que as une, de uma vontade de criação de um proto-estilo.

Se aceitarmos essa consideração como uma possibilidade viável, fica mais fácil compreender como, naquele momento de meados do século 20, todos os arquitetos mais ou menos famosos, mais ou menos criativos, estavam ativamente envolvidos na expansão das fronteiras de sua disciplina. E, portanto, comprometidos com a busca de soluções adequadas de projeto e detalhamento, materiais e ideias, mais ou menos provadas e comprovadas, capazes de, em seu conjunto, ir gradualmente definindo um repertório, ou uma caixa de ferramentas, pronta e apropriada para uso diário.

E se assim for, talvez não seja impossível supor que Breuer, estando ciente das propostas da arquitetura moderna brasileira – como não poderia deixar de estar – tivesse a liberdade de tomar para si algumas das ideias formais recentes, em algumas obras de Oscar Niemeyer, para seu próprio uso – como as colunas "V" e "W" – adaptando-as e *corrigindo-as*. Niemeyer começa a empregar esse recurso das colunas em edifícios de apartamentos e escritórios como o Conjunto Habitacional JK, em Belo Horizonte, 1951; o Edifício Califórnia, em São Paulo, 1951, e nos pavilhões multiuso do conjunto do Parque Ibirapuera, São Paulo, 1951-1953, formalmente experimentando com a plasticidade do concreto armado. Naquele momento, e para muitos críticos, essas propostas eram consideradas *muito extravagantes*; e mesmo quando Niemeyer contrapõe afirmando o papel estrutural dessas colunas, seus argumentos não convencem alguns críticos mais puritanos.[13]

Apesar de Marcel Breuer ter afirmado que a "arte não é necessária para se fazer um bom edifício; esta não é uma época como a do período Gótico",[14] sua postura funcional estrita já havia se transformado. Primeiro Breuer introduz, aqui e ali, um detalhe escultural em algumas casas, como lareiras (Casa Starkey e Duluth, Minnesota, 1954-1955; Casa Gagarin e Litchfeld, Connecticut, 1954-1955); depois faz experimentos com estruturas plissadas e com paraboloides de dupla curvatura (auditório do Edifício Unesco, Paris, 1953-1958; cantina do Edifício Van-Leer, Amstelven, Holanda, 1957-1958; Hunter College no Bronx, New York, 1955-1959). Seus experimentos explorando a expressividade plástica das estruturas de concreto começam a ganhar ainda mais impulso com suas construções para fins religiosos (Universidade e Abadia de São João, 1954-1968).

Breuer faz seu primeiro e magistral uso das colunas "V", devidamente revisadas e corrigidas, nas passagens cobertas do claustro do Convento da Anunciação em Bismarck, Dakota do Norte, 1954-1962, cuja forma tem notável semelhança visual e colunas similares às projetadas para a marquise do Ibirapuera. As diferenças também são notáveis. A longa e sinuosa marquise do Parque Ibirapuera tem 650 metros em seu eixo mais longo, sua laje horizontal está sustentada por 106 colunas cilíndricas de 50 centímetros de diâmetro, mais

8 colunas em formato de "V", posicionadas em suas quatro estreitas extremidades. A regular e estreita passagem Sul do claustro do Convento da Anunciação tem cerca de 3,15m x 125m, com dezenove colunas em "V" no lado externo e quatorze na direção do pátio. A repetição regular de uma coluna "V" especial, nessa obra de Breuer, talvez esteja mais próxima da solução que será a seguir dada por Niemeyer em 1957-1959 para as colunatas periféricas dos palácios de Brasília. A laje do Ibirapuera não tem vigas visíveis, ou melhor, elas estão embutidas dentro dela. Já nas passarelas do claustro do convento, as vigas são explícitas e combinam com as colunas "V", conectando cada par paralelo; mas isto só é visível quando se percorre o caminho, já que na visão frontal as vigas estão ocultas atrás das colunas. Então, apesar das vigas aparentes, a laje da passarela do convento parece ser extremamente leve, como a do Ibirapuera. A marquise de Niemeyer recebeu acabamento liso e pintura em cal, enquanto as passagens cobertas do claustro de Breuer são deixadas em concreto aparente; mas sua cor leve e o excelente trabalho das formas lhe dão uma aparência marmórea que é o oposto da rudeza. As colunas do Ibirapuera não têm base ou capitel, enquanto que as colunas "V" do convento estão elegantemente apoiadas numa base fina, com uma junta cilíndrica de aço posicionada sobre uma parede baixa, à maneira de um alicerce elevado de pedra. Graças a essa sutileza, quando vistas de uma certa distância, as colunas "V" parecem flutuar. O jogo de aproximações e diferenças entre ambas obras não para por aí: seria possível continuar comparando diferenças de dimensões, escolhas de materiais dos pisos e assim por diante. Mas o que ambas têm em comum é que as soluções com colunas "V" não são realmente necessárias: de um ponto de vista estritamente funcional, poderiam facilmente ser substituídas por colunas simples. Sua existência não nasce tanto de necessidades como do *kuntswollen*, não resulta de considerações estruturais ou éticas, mas de escolhas e considerações estéticas. E assim, ambas seguem um dos famosos

aforismos de Niemeyer: "a forma que cria a beleza tem uma função fundamental na arquitetura".[15]

As colunas "VW" – vocabulário a seguir será ampliado para "VYWT" – podem ser projetadas para ter um papel estrutural efetivo e insubstituível. Isto ocorre quando seus capitéis não são apenas um ornamento, mas um elemento estrutural necessário para a transferência de cargas distribuídas acima e encaminhadas para um único ponto de sustentação abaixo. Não se trata de nenhuma novidade: esta é a razão construtiva da existência dos capitéis. Sob essa ótica, um dos melhores exemplos de colunas "VW" projetadas por Niemeyer seria o Pavilhão da Agricultura do Parque Ibirapuera, 1953, e seu recurso serve para diminuir a quantidade de colunas que chega ao solo, de modo a criar um espaço térreo mais livre. Transicionam de uma estrutura tipo dom-ino, projetada para ser a mais leve e transparente possível, para um térreo monumental e aberto, mais adequado à escala da paisagem que do edifício propriamente dito. As primeiras colunas "V" de Breuer para o projeto inicial da Unesco para Porte Maillot também seguiam o mesmo raciocínio e padrão, de transição de um pavilhão leve e transparente para um chão público e monumental.

Essa solução é radicalmente modificada quando Breuer começa a projetar fachadas com painéis facetados pré-fabricados, estruturais ou não. Num texto publicado na revista *Architectural Record* em abril de 1966, Breuer declara:

> aquela lâmina de fechamento – a divisão entre o interno e o externo, a pele do edifício – novamente solicitou novas respostas a seus problemas, propiciando uma grande mudança no curso da arquitetura nos últimos anos. O conceito de um grande edifício, expresso por suportes regularmente espaçados e separações leves sem função estrutural – incluindo a parede externa – apesar de lógica, deixou sem resposta alguns problemas de estrutura, clima e equipamentos.[16]

Sua solução para esses problemas havia sido teoricamente debatida em seu livro *Sun and Shadow*, e receberá uma solução integrada combinando estrutura, revestimento e proteção contra o sol nas suas fachadas profundas dos anos 1960-1970.

O uso de fachadas estruturais demanda uma sutil, mas fundamental, mudança estrutural: torna-se mais conveniente deslocar as colunas de sustentação para o perímetro, em vez de deixá-las recuadas do plano das fachadas. Mas, exceto no caso de construções industriais e de laboratórios, o uso que Breuer faz de painéis de fachada pré-fabricados ocorre somente nos andares elevados. Algum tipo de transição estrutural deve então ser proposto para ser possível definir um piso térreo mais aberto, público ou cívico. Para tanto, Breuer irá projetar várias soluções de vigas de transição e/ou de colunas especialmente projetadas para resolver este dilema. Elas vão desde a massiva, mas elegante, solução do Centro de Pesquisas da International Business Machines – IBM, em La Gaude, Var, França (1960-1961), com um projeto combinando colunas "Y" e "W", onde o térreo é tratado quase sem uso, como se quisesse manter a topografia *natural* do lugar; até uma coluna "T" do Edifício de Tecnologia II, ou Meister Hall, no campus da Bronx Comunity College em Nova York (1964-1969). A proposta admite infinitas variações, algumas muito elegantes, como as colunas "T" do Becton Center – Edifício de Engenharia e Ciências Aplicadas da Universidade de Yale, New Haven (1965-1969); ou podem ser adaptadas a situações peculiares, como nas colunas assimétricas do Edifício de Escritórios em Syracuse, Nova York (1969). Em outros casos, considerando-se uma situação mais livre do que a pesada fachada de uma torre, a imaginação criativa pode chegar a seus limites: como na soberba coluna interna de doze braços, semelhante a uma árvore, da biblioteca da Universidade e Abadia St. John, Collegeville, Minnesota (1964-1966).

Estes e outros painéis moldados de fachadas e as colunas "VYWT" usadas em vários dos trabalhos de Marcel Breuer nos anos 1960-1970 configuram um paradigma formal e construtivo altamente influente, que ressoou junto a incontáveis arquitetos de todas as cidades e continentes. As ideias de Breuer ganharam impulso e status e tornaram-se o foco de uma ampla rede de afinidades eletivas. Em qualquer caso, essas formas nunca surgiram apenas por razões funcionais, estruturais e construtivas. Há que se considerar sua capacidade de controlar o ingresso de luz solar e de promover um variado jogo de sombras. Por outro lado, a possibilidade de repetição em escala industrial desses painéis algo reverberava o sonho da industrialização da construção, tema de interesse de Breuer desde seus anos na Bauhaus. Assim como no caso de qualquer outra afinidade eletiva, trata-se aqui de necessidades, mas também, e principalmente, de afetos e paixões. Ou, citando Breuer: "Você explora um sistema estrutural com paixão e com lógica. [...] Estrutura não é somente um meio para uma solução. É também um princípio e uma paixão".[17]

Notas

NE. Texto originalmente apresentado no Seminário *Architectural Elective Affinities. Correspondences, Transfers, Inter/Multidisciplinarity. European Architectural History Network – EAHN*, realizado na FAU USP em março de 2013. Tradução para o português de Anita Di Marco.

1. WARHAFTIG, Myra (Org.). *Deutsche Judische Architekten vor und nach 1933 – Das Lexikon*. Berlim, Reimer, 2005, p. 95-97. Sou grata a Anat Falbel que, gentilmente, me deu esta fonte de referência.
2. HITCHCOCK, Henri-Russell. *Architecture: Nineteenth and Twentieth Centuries*. 4ª edição revista. New Haven/Londres, Yale University Press, 1977, p. 517.
3. BLAKE, Peter (Org.). *Marcel Breuer: Sun and Shadow. The Philosophy of an Architect*. Londres, Longman/Green & Co, 1956, p. 141.
4. Idem, ibidem.
5. Conforme a lista de exposições do MoMA da década de 1940. Disponível in <https://bit.ly/46tylxl>.
6. BREUER, Marcel. *Sun and Shadow* (op. cit.).
7. HITCHCOCK, Henry Russell. *Built in USA: Post-War Architecture*. Nova York, Museum of Modern Art, s.d, p. 15.
8. A partir do ano 2000 houve uma discreta retomada do interesse crítico nas obras de Breuer como nas *memórias* de Robert F. Gaje, no catálogo completo de suas obras organizado por Isabelle Hyman e alguns estudos sobre suas casas por Antonio Armesto e Joachim Driller. Mesmo assim, enfocam principalmente suas primeiras duas fases, e não exatamente a última fase brutalista.
9. ZEIN, Ruth Verde. Sol, sombra e fã. *Summa+*, n. 120, Buenos Aires, fev. 2012, p. 134-35 <https://bit.ly/3CRrzV2> [versão em espanhol].
10. GOLDHAGEN, Sarah Williams; LEGAULT, Réjean. *Anxious Modernisms. Experimentation in Postwar Architectural Culture*. Quebec, Canadian Centre for Architecture/MIT, 2000.
11. Ver o quarto capítulo deste livro: "Quando documentar não é suficiente", p. 114-129.
12. GOLDHAGEN, Sarah Williams. Something to Talk About: Modernism, Discourse, Style. *Journal of the Society of Architectural Historians*, v. 64, n. 2, Los Angeles, University of California Press, jun. 2005, p. 144-167 <https://bit.ly/3PuM0Pf>.
13. ZEIN, Ruth Verde. Oscar Niemeyer. Da crítica alheia à teoria própria. *Arquitextos*, São Paulo, ano 13, n. 151.04, Vitruvius, dez. 2012 <https://bit.ly/42Xl10g>.
14. BREUER, Marcel. *Buildings and Projects 1921-1961*. Londres, Thames & Hudson, 1962, p. 181.

15. NIEMEYER, Oscar. *A forma na arquitetura*. Rio de Janeiro, Avenir, 1978, p. 54.
16. BREUER, Marcel. The Faceted Molded Façade: Depth, Sun and Shadow. *Architectural Record*, abr. 1966, p. 171. Republicado em: BREUER, Marcel. *Nuevas Construcciones y Proyectos*. Barcelona, Gustavo Gili, 1970, p. 13.
17. BREUER, Marcel. *Buildings and Projects 1921-1961* (op. cit.), p. 19.

Casos difíceis
Brutalismo de tijolos do Norte e do Sul

O brutalismo vem sendo reconsiderado em debates e publicações contemporâneos. Novas abordagens estão sendo propostas, ultrapassando os preconceitos e o quase esquecimento do termo, e das manifestações arquitetônicas que engloba. Novas análises panorâmicas e estudos de caso aprofundados vêm sendo propostos, ampliando o entendimento das obras brutalistas. Segue sendo complicado definir o termo e seu significado, de um ponto de vista contemporâneo.[1] Uma ampla varredura internacional encontra um amálgama complexo de definições, estabelecidas ao longo das últimas seis décadas por diversos autores, cada qual partindo de posições distintas, ajustadas para atender a diversos interesses e explicar diferentes conjuntos de edifícios; definições nem sempre claras e consistentes, estando em muitos casos desatualizadas. Por outro lado, pode-se argumentar[2] que, se o rótulo brutalismo não sustenta uma definição essencialista, segue válido e está indissoluvelmente ligado a um conjunto de circunstâncias históricas complexas, não restritas a um único lugar, tempo, criador ou crítico.

Entre os que abordam o tema é comum o recurso da volta às supostas origens do brutalismo, seja pelas obras do pós-guerra de Le Corbusier, seja pelos relatos de Banham de 1950-1960 sobre o caso do novo brutalismo britânico. Apesar de parecer reconfortante e embasada, a validação contemporânea de uma definição, apenas pela força das autoridades do passado, é também problemática: é uma releitura tratando esses *primeiros* de forma literal, mas pouco crítica e nada interpretativa. Por essa via, pode-se talvez abrir algumas novas possibilidades, ou pode-se simplesmente repetir antigos mal-entendidos. Seja como for, provavelmente qualquer definição do brutalismo e de seus significados jamais chegará a constituir um discurso totalmente consistente, imparcial e não-ideológico.

Mas, apesar da dificuldade em estabelecer uma definição precisa, é simples perceber a existência de um certo *ar de família* perpassando por todos os edifícios categorizados como brutalistas. Por exemplo, no apreço por explorar a expressão plástica das soluções estruturais, e por ressaltar as qualidades inerentes dos materiais empregados. É um traço muitas vezes interpretado como uma vontade de expressar uma verdade moral e material. Talvez. Mas há que se considerar que a alta complexidade das operações estéticas e materiais envolvidas no projeto e construção dos melhores edifícios brutalistas certamente excede, de longe, a simplicidade de fazê-los derivar de uma única premissa, mesmo esta sendo de cunho ético. Este texto tampouco deseja encontrar uma definição conclusiva sobre o que possa ser o *brutalismo*, e mais ainda, *o brutalismo de tijolos*.

Parte-se aqui da constatação de que essa etiqueta – brutalismo de tijolos – foi aplicada a edifícios realizados em alvenaria de tijolos nos anos 1950-1960, seja quando conformam panos homogêneos, seja quando estão intercalados por estruturas de concreto, aço ou madeira. Tomando cada um desses edifícios isoladamente, a suposta existência de um brutalismo de tijolos abre lugar a muitas dúvidas, pois cada qual apresenta diferentes atitudes e resultados, que são tão importantes quanto sua eventual aproximação por semelhança visual. Mas neste texto não vamos nos propor a radicalmente questionar a existência de um brutalismo de tijolos, e sim aceitar esse rótulo e as obras às quais ele foi aplicado, como um fato histórico, vez que diversos autores canônicos usaram essa definição para explicar ou debater possíveis conexões de cunho formal, construtivo e estilístico entre esses edifícios. Por outro lado, as obras às quais esse termo, brutalismo de tijolos, foi agregado, são notáveis em si mesmas e viveriam bastante bem sem esse rótulo. Mas, uma vez que essas obras foram circunstancialmente citadas como brutalistas, vai-se adotar esse fato como prova suficiente da existência de edifícios brutalistas de tijolos. E assim tornar plausível, por extrapolação, a nomeação de outros exemplos análogos, projetados e construídos no mesmo momento, em algum outro lugar, por alguns outros arquitetos.

Apesar de adotarmos aqui essa posição prática, há que se convir que o rótulo brutalismo de tijolos permanece sendo um assunto problemático. Aceitá-lo *ad hoc* pode ser um pressuposto superficial; ampliar seu uso para outros exemplos, uma tentativa pouco profunda. Mas superfícies, e sua cuidadosa observação, não são detalhes sem importância ao se considerar obras de arquitetura, suas características e significados. Vale a pena buscar "reconhecer a problemática da aparência" como declararam David Leatherbarrow e Mohsen Mostafavi. Pois ao considerá-la, isso nos exigirá uma cuidadosa reflexão sobre a "correlação entre seus processos e sua aparência".[3]

'As found': literal, alegórico, pragmático

Considerando a frequência com que expressões de sentido vago são usadas em textos sobre arquitetura, Colin Rowe e Robert Slutzky observaram que "realmente, pode ser fútil tentar criar instrumentos críticos eficientes a partir dessas definições aproximadas; e talvez a tentativa resulte apenas em sofismas".[4] A expressão *as found*/como encontrado, associada por Reiner Banham[5] ao novo brutalismo britânico, também pode ser incluída na lista de sofismas e metáforas de longo alcance, tão frequentes em textos de crítica arquitetônica. Mas Rowe e Slutzky também acreditam que um exame mais profundo destes termos imprecisos pode revelar uma "complexidade lúcida", expondo algumas camadas de significados. Pode-se tentar.

Exceto na mítica cabana primitiva ou quando se constrói um abrigo improvisado, os materiais construtivos nunca são usados como encontrados: para se construir corretamente, algum grau de transformação dos recursos naturais é sempre necessário. Quando, em 1955, Banham resume "as qualidades daquele objeto" (a Escola Hunstanton, projeto de Allison e Peter Smithson) em três pontos, o último – "a valorização de materiais por suas qualidades inerentes, como encontrados"[6]

– não deve ser tomado literalmente, mas sim como alegoria. Aqui, como em muitos outros textos de Banham, suas complexas intenções desvelam e ocultam outros interesses e realizam relações e analogias com outros debates artísticos e arquitetônicos de seu tempo. Mais adiante no texto, como lhe parece que sua alegoria do *as found*/como encontrado talvez seja fraca, ou pouco clara, Banham se propõe precisá--la por outra expressão, também vaga: *uma imagem*. E assim a define: "o edifício deve ser uma entidade visual imediatamente compreensível, e a forma apreendida pelo olhar deve ser confirmada pela experiência do edifício em uso".[7] Agindo como um *maquis* descontrolado atirando sobre alvos móveis, ele segue ampliando profusamente a quantidade de alegorias que emprega, ao propor também que o novo brutalismo britânico estaria interessado (ou assim ele crê) no sutil deslizar do visual para o sensorial; da clássica definição de beleza de São Tomás de Aquino como "aquilo que, ao ser visto, agrada" para uma definição de beleza mais sublime, que afetaria as emoções (e que podem nem ser tão agradáveis ao olhar). Nas palavras finais de seu texto, Banham se recorda que "materiais como encontrados são matérias-primas ou materiais crus".[8] Apenas para posteriormente ligá-los novamente às *emoções*, ao citar o famoso aforisma de Le Corbusier dos anos 1920: "*L'Architecture c'est, avec des matières bruts, établir des rapports émouvants*";[9] que Banham crê ser uma expressão até mais apropriada ao "nosso tempo, não ao dele".[10]

Embora a alegoria do como encontrado ter sido proposta por Banham para comentar sobre os materiais deixados aparentes na escola de Hunstanton, em seu livro de 1966, ele admite que a conexão entre tijolos e brutalismo já havia sido estabelecida pelas Maisons Jaoul (1951).[11] Declara-se ciente de que o rótulo brutalismo não pode ser facilmente aplicado à obra das Jaoul, nem a outras obras anteriores de Le Corbusier realizadas desde a Petit Maison de Weekend, de 1935. Mas percebe – agora de seu ponto de vista de meados

dos anos 1960 – que o "brutalismo, como estilo, mostrou-se basicamente uma questão de superfícies derivadas das casas Jaoul".[12] De todo modo, ele considera que o "uso das técnicas construtivas cruas e primitivistas das Jaoul na Europa foi um choque para hábitos sofisticados de construção"; e menciona a observação de James Stirling: "a mão de obra que as construiu 'com escadas, martelos e pregos' era argelina".[13] Em contraponto, estudos recentes sobre o suposto *primitivismo* dos edifícios brutalistas (em concreto ou tijolos) tendem a aceitar esse aspecto não como uma regressão dos métodos construtivos, mas como efeito de uma escolha estética.

Stanislaus Von Moos enfatiza a rusticidade do material como uma atitude de audácia e de busca de vínculo com as origens: "*la nostalgie des ruines, de la brique nue, de la pierre non taillé, du béton brut et the l'héroïsme dur des débuts que l'on trouve sur les chantier des constructions*".[14] Para ele, na Europa semidestruída do pós-guerra, tijolos rústicos e concreto mal executado denotavam uma ressurgência do tema romântico das ruínas.

Nas circunstâncias difíceis do panorama europeu do pós-segunda guerra, as observações de James Stirling (via Banham) sobre as casas Jaoul, como um choque contrário aos hábitos construtivos sofisticados, pode ser menos uma análise exata do que uma crítica juvenil. A verdadeira (ou ao menos, a comprovável) reação de Stirling e James Gowan às casas Jaoul não é uma observação entreouvida e repetida fora de contexto, mas um projeto: o edifício Ham Common Flats (1955-1958). O bom acabamento das paredes de tijolos dessa obra pode ser interpretado como uma magistral correção de um discípulo que mostra aos mestres, de maneira condescendente, como as coisas deveriam ser corretamente feitas, mesmo com escassez de recursos. A atitude de corrigir e retificar os mais velhos permeia a personalidade de toda aquela (então jovem) geração de arquitetos e críticos. E também comparece em outros exemplos de edifícios brutalistas de tijolos, cuja conexão com as casas Jaoul não se pretendia como imitação, mas como esperta resposta/correção.

De todo modo, o esforço para fazer o melhor, apesar das circunstâncias econômicas e sociais difíceis é, provavelmente, um motivo mais realista para o uso, no pós-segunda guerra, de tijolos à vista e de concreto rústico. E a característica do como encontrado, apontada por Banham, pode ser então compreendida em um viés de interpretação pragmático: apesar de, em arquitetura, não ser possível usar os materiais *in natura*, como *objets trouvés* (assim como na pintura ou na escultura), é simplesmente mais fácil, rápido e barato propor a execução de um número mínimo de processos transformativos. Sempre quando, pelo menos, o resultado satisfaça às necessidades e requisitos de um dado momento.

Construtores, engenheiros e arquitetos

Seguindo por mesma trilha – a que considera que a arquitetura não é apenas uma coisa em si, mas um meio para atender às necessidades humanas, transformando o ambiente com os escassos recursos à mão – pode-se acionar, para o caso do brutalismo de tijolos, outras vias de compreensão e interpretação. Por exemplo: geralmente os discursos arquitetônicos não consideram o papel dos clientes e/ou a contribuição profissional de engenheiros e construtores nos processos de tomada de decisão dos projetos de arquitetura. Mas há vários autores que se preocuparam com esse tema,[15] e esse viés pode nos fornecer interessantes indicações para a melhor compreensão de algumas obras.

Houve grande crescimento no emprego de concreto armado e pós-tensionado em obras de infraestrutura (represas, pontes etc.) depois da Segunda Guerra Mundial; e por volta de 1952-1953, em todo o mundo, esse conhecimento técnico vai se tornando disponível para uso arquitetônico cotidiano. Se nos anos 1920 os mestres da arquitetura moderna elogiavam a estética dos engenheiros, nela encontrando estímulos para uma desejada renovação arquitetônica, naquele momento essa aproximação ainda era menos de caráter estrutural e construtivo que de ordem visual.[16] Isso muda radicalmente a partir dos anos 1950, quando um feliz convívio entre arquitetos, engenheiros e construtores torna-se possível. O brutalismo, como a tendência arquitetônica característica daquele momento, foi também um dos resultados mais evidentes desse casamento.

Pode-se entender que o brutalismo dos anos 1950-1960 resulta da busca do sublime em vez da beleza clássica; da busca do primitivismo e ânsia pelas origens; que o uso de tijolos e concreto aparentes possam ser uma recorrência do anseio romântico por ruínas, acentuado pelos destroços do pós-guerra. Mas com a mesma importância, o brutalismo também resulta da sinergia do acordo entre engenheiros, construtores e arquitetos, todos falando a mesma língua, não somente na Europa como em todos os lugares do planeta. Todos partilhavam a mesma ansiedade progressista, em termos visuais e construtivos, em prol de uma audácia estrutural obtida pelo uso inteligente e racional de materiais simples, e estavam decididos a tentar tirar o melhor proveito possível de recursos mínimos, elevando as necessidades *ad hoc* a uma espécie de *padrão moral*, com o qual esperavam balizar seus projetos e os processos construtivos de suas obras.

No caso dos edifícios brutalistas de alvenaria de tijolos (ou *brick bruts*, na expressão de Banham) algo semelhante também ocorria. As casas Jaoul de Le Corbusier não demonstram apenas uma busca pela aparência, textura e percepção tátil desse tradicional material, mas também uma opção inteligente e apropriada em face da restrição de recursos disponíveis, aceitando a possibilidade, ao mesmo tempo moral e estética, de se reduzir a qualidade esperada nos acabamentos do edifício; explorando também os aspectos primitivistas do como encontrado.

Mas, outras obras dessa tendência *brick bruts* podem ter se interessado por explorar outros caminhos. E em alguns casos, podem até ter tentado ativar uma atitude oposta. Por exemplo, quando ocorre o uso de tijolos não como signo de um vínculo com o passado, mas como possibilidade de realizar formas inovadoras e diferentes. Como se verá adiante.

Nas antípodas: dois casos difíceis de 'brick bruts'

Na Inglaterra dos anos 1950, o número de exemplares de *brick brut*s era muito maior do que os casos de brutalismo de concreto rústico. Talvez por isso, em seu livro de 1966, Banham prefere incluir os exemplos britânicos de brutalismo de tijolos no seu *cardápio principal*, e incluir as obras não-inglesas que cita como "casos difíceis de brutalismo de tijolos".[17] E decide que o "caso mais difícil", e "certamente o mais enigmático, é a Markuskyrka de Sigurd Lewerentz, perto de Estocolmo",[18] Suécia (1956-1964). Acrescenta que muitos desses "casos difíceis são igrejas", incluindo como exemplos Santa Maria dei Poveri, Milão, Itália (1952-1954) de Luigi Figini e Gino Pollini, e a Igreja em Nagele, Holanda, de Johannes Van den Broek e Jacob Berend Bakema (1958-1962). Seguindo nossa proposta de aceitar os textos históricos como base para extrapolações contemporâneas, e se considerarmos esses exemplares de *brick bruts* como válidos, pode-se também legitimamente incluir nessa lista um outro exemplo, dos mais interessantes e precoces: a Igreja de Cristo Trabalhador em Atlântida (1952-1959), Uruguai, de Eladio Dieste. Todos esses edifícios foram amplamente estudados por vários autores; aqui serão examinados apenas sob a ótica da questão posta inicialmente: o brutalismo de tijolos. Por brevidade, vamos nos ater apenas aos casos extremos – geograficamente falando.

Sigurd Lewerentz (1887-1965) pertence à mesma geração de Le Corbusier, tendo começado sua vida profissional como engenheiro mecânico, antes de estudar arquitetura. Sua Igreja de São Marcos é uma obra de maturidade que apresenta uma atitude projetual muito inovadora no partido e no detalhamento. A Igreja do Cristo Trabalhador de Eladio Dieste (1917-2000) é quase a ópera prima de um iniciante, tendo sido projetada e executada por um então jovem engenheiro, construtor e professor de grandes estruturas. Ambos autores estavam pessoalmente envolvidos em assuntos religiosos e não viam contradição alguma entre a busca do prazer estético e o projeto de espaços sagrados requintados. Ambas obras são igrejas paroquiais: tradicionalmente, uma construção econômica realizada com recursos escassos, gerenciada de maneira a se obter um bom desempenho, ótimo custo-benefício e máximos resultados. Eram obras feitas para durar: não queriam ser baratas, mas duráveis e de fácil manutenção.

Ao se observar ambos os casos o olhar é atraído, nos exteriores, pelo tecido contínuo de tijolos dos planos verticais que encerram cada edifício; e nos interiores, pela iluminação suave e pelas elegantes curvas dos tetos e paredes. Não se vê qualquer concreto: este é usado discretamente no caso sueco, mas está totalmente ausente no exemplar uruguaio. Enquanto a igreja setentrional protestante é assimétrica nos planos e nas elevações, a igreja meridional católica é notavelmente simétrica. A igreja sueca tem duas naves, uma principal ao Sul e uma secundária ao Norte; a uruguaia tem uma nave única. Ambas têm um campanário: um ligado às outras instalações da paróquia, no caso da Igreja de São Marcos, e o outro isolado e independente, na igreja do Cristo Trabalhador. As dimensões gerais de ambos edifícios são bastante semelhantes: a nave única da igreja uruguaia tem um vão transversal notável (como dissemos, sem o emprego de concreto algum), enquanto a nave dupla sueca é organizada por meio de conexão generosamente aberta, quase transparente, entre as duas naves.

As curvas das paredes e dos tetos não são aleatoriamente distribuídas: resultam de formas projetadas de maneira inteligente, visando simultaneamente conter e reforçar a estabilidade da estrutura. Isso se dá de modo mais simétrico e didático em Atlântida. Ali os tijolos cerâmicos vazados são usados para definir o teto como uma superfície única, alternando planos curvos e retos; os mesmos traços se reverberam nas paredes, nascidas de fundações retas, mas cujos panos vão progressivamente se ondulando enquanto sobem, de maneira a se encontrar sincronicamente com o ritmo sinuoso da cobertura. Em Estocolmo, a necessidade de reforçar o vão transversal é resolvida de modo mais sutil, assimétrico: no lado Sul, pela leve ondulação da parece de tijolos comuns; no lado Norte, apoiada no vão da segunda nave.

A engenhosidade das duas situações mostra que Lewerentz e Dieste tinham grande habilidade como arquitetos, engenheiros e construtores. Sabiam como aproveitar ao máximo o cálculo racional para obter resultados únicos e simples, mantendo-se rigorosamente dentro das limitações e possibilidades dos materiais tradicionais; que, entretanto, são tratados por métodos de cálculo e construção inovadores. É bem provável que, como São Tomás de Aquino, ambos acreditassem na beleza como esplendor da verdade.

Brutalismo inovador de tijolos

Todos os edifícios de alvenaria de tijolos tacitamente usufruem da conexão com os significados tradicionais associados a esse material: ligação com a terra, calor, efeito tátil, identidade local. Mas esta não é, necessariamente, a principal ou única preocupação dos projetos associados com a tendência dos *brick bruts* produzidos nos anos 1950-1960. Circunstâncias de lugar, autor, cliente, disponibilidade de materiais e qualificação profissional agregavam outras oportunidades arquitetônicas, construtivas e estéticas, definindo outras narrativas e significados.

Os dois exemplos de *brick bruts* aqui pormenorizados buscaram promover, com tijolos, a confluência entre pensamento racional e formas criativas. As duas igrejas, de

Lewerentz e Dieste, mostram um desempenho inteligente pela união do cálculo de ponta e formas ousadas e estruturalmente adequadas. Seu caráter inovador se associava ao uso de um material bem tradicional, familiar aos clientes, construtores e trabalhadores, permitindo um processo construtivo mais fácil e barato.

Enfim, talvez estes exemplos dos anos 1950 possam ser vinculados com o brutalismo de tijolos. Nem tanto por sua aparência rústica ou por alguma relação imprecisa com uma vaga ideia de *as found*/como encontrado. Tampouco são primitivistas: pelo contrário, são projetos de proposta muito sofisticada e complexa. Podem ser chamados de brutalistas principalmente pelo fato de que partilham, com outros edifícios aos quais a mesma etiqueta foi atribuída, sejam de alvenaria de tijolos ou não, um mesmo apreço por expressar soluções estruturais inovadoras, adequadas ao material construtivo em uso. Mesmo que este seja, no caso dos *brick bruts*, um material bastante tradicional.

Sua atitude criativa projetual é a de obter beleza pela inovação, considerando e solucionando as complexidades do pensamento racional. E essa talvez seja uma das características mais atraentes que compartilham com outros dos melhores edifícios brutalistas. Um traço que ainda é forte e, talvez, fértil o suficiente para continuar a atrair novas gerações de arquitetos e críticos deste outro século.

Notas

NE. Publicação anterior do texto: TORRENT, Horacio (Org.). El Desafío del Tiempo. Proyecto y Persistencia del Patrimonio Moderno. In *Anais do Docomomo Chile*, Universidad Catolica de Chile, Santiago do Chile, 2014, p. 33-40. Versão em inglês apresentada originalmente no congresso *European Architectural History Network – EAHN* em Turim, em junho 2014. Tradução para o português de Anita Di Marco.

1. ZEIN, Ruth Verde. Brutalist Connections: What it Stands for. In *Anais do 10º Seminário Docomomo Brasil*. Curitiba, 2013 <https://bit.ly/44IUpbR>.

2. Ver capítulo "Tradição moderna e cultura contemporânea: a contribuição do brutalismo dos anos 1950-1970 no Brasil e Alhures" deste livro, páginas 194-219.

3. LEATHERBARROW, David; MOSTAFAVI, Mohsen. *Surface Architecture*. Cambridge, MIT, 2002, p. 2.

4. ROWE, Collin; SLUTSK, Robert. Transparency: Literal and Phenomenal. In ROWE, Collin. *The Mathematics of the Ideal Villa and other Essays*. Cambridge, MIT, 1982, p. 160.

5. BANHAM, Reyner. The New Brutalism. *Architectural Review*, v. 118, n. 708, dez. 1955, p. 857.

6. Idem, ibidem, p. 857.

7. Idem, ibidem, p. 858.

8. Idem, ibidem, p. 861.

9. Arquitetura é, através dos materiais brutos, expressar relações emocionantes. Tradução livre.

10. BANHAM, Reyner. Op. cit., p. 861.

11. BANHAM, Reyner. *The New Brutalism. Ethic or Aesthetic?* Londres, Architectural Press, 1966, p. 125.

12. Idem, ibidem, p. 85.

13. Idem, ibidem, p. 86.

14. "Uma nostalgia de ruínas, de tijolos nus, pedra não cortada, concreto áspero e heroísmo puro dos começos encontrados nessas obras". VON MOOS, Stanislaus. L'Europe Après la Pluie ou le Brutalism Face a l'Histoire. In SBRIGLIO, Jacques (Org.). *Le Corbusier et la Question du Brutalisme*. Paris, Parenthèses, 2013, p. 65. Tradução livre.

15. Por exemplo, Philippe Potié sobre o Convento de La Tourette de Le Corbusier. Cf. POTIÉ, Philippe. *The Monastery of Saint Marie de la Tourette*. Paris, Foundation Le Corbusier, 2001, p. 80.

16. Ou melhor, muitas obras do canon modernista dos anos 1920-1930 são ainda construídas e estruturadas de maneira bastante tradicional, prevalecendo o reboco pintado de branco unificador como recurso para assegurar uma imagem moderna.

17. BANHAM, Reyner. *The New Brutalism. Ethic or Aesthetic?* (op. cit.), p. 125-27.

18. Idem, ibidem, p. 125.

Nulla die sine linea

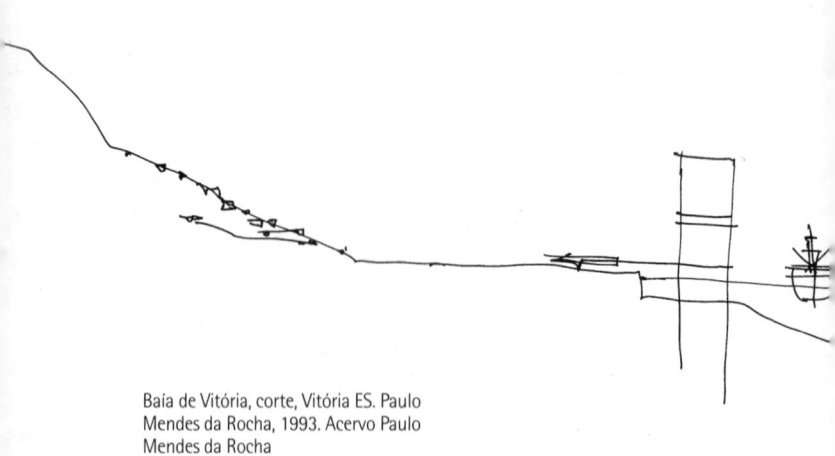

Baía de Vitória, corte, Vitória ES. Paulo
Mendes da Rocha, 1993. Acervo Paulo
Mendes da Rocha

Há os que desenham como respiram. Há os que lutam porfiadamente para atingirem a naturalidade do desenho. E há todos os outros: nós. Mas nada disso importa porque o desenho, o croqui, depois de feito, seja fato perfeito ou feito imperfeito, é sempre algo em si: as marcas de sua produção se esmaecem, e a coisa se revela em sua finitude infinita.

Foi em um dia qualquer de 1997. O arquiteto Paulo Mendes da Rocha senta-se frente a uma grande folha de papel branco e espesso, de formato duplo quadrado, com 30cm x 60cm, e prepara-se para realizar o desenho que solicitei, e que finalizaria meu trabalho de preparar, a seu pedido, seu memorial de qualificação para o concurso de professor titular na Faculdade de Arquitetura e Urbanismo da Universidade de São Paulo. Toma da caneta e traça num só gesto montanha, cidade, porto, mar, edifício, barco, canal, montanha, vale. O traço é quase de um Steinberg, a pluma mal se levanta do papel.

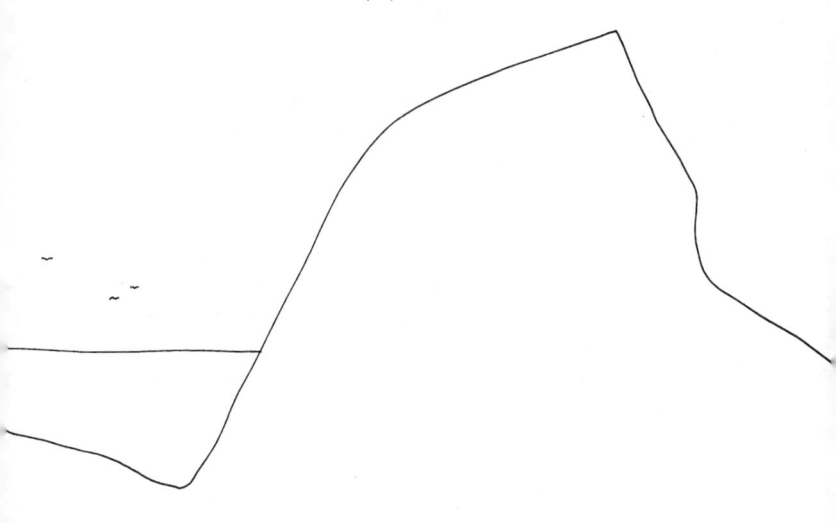

A composição tem equilíbrio e uma surpreendente simetria diagonal: a linha do território quase poderia ser superposta ao perfil do messias morto de Caravaggio, com a cabeça à esquerda mais baixa que o pico dos joelhos à direita. Ou, em uma imagem menos dramática, e talvez mais próxima, a linha topográfica refaz o perfil de Charlotte Perriand deitada sobre a *chaise longue* de 1928, que ela desenhou e Le Corbusier nomeou. Mas o centro do desenho não é a paisagem e, sim, o perfil ereto e artificial da arquitetura. Apenas dois traços verticais, que o contraste sutil com a topografia torna altíssimos, nascendo de cima para baixo até se enterrarem no lodo; e apenas mais quatro traços horizontais que definem teto jardim, um andar intermediário mirante e um térreo píer, desenhado acima das águas e marés, comunicando com a cidade. Três aves observam a cena pairando sobre barcos e arquitetura – talvez sejam trinta-réis de bico vermelho (*Sterna hirundinacea*) pássaros comuns na região da Baia de Vitória, Espirito Santo, Brasil.

Do lado terra, um edifício horizontal ancora a torre, apoiando-se em corte em um só ponto, como uma ave pernalta em descanso, acomodando as utilidades que a cidade provê e os resíduos que a cidade vai tratar. Em detalhe se notam outras linhas artificiais: o trecho onde a paisagem foi transformada para criar o chão do cais, a parede-arrimo que garante o calado e seu prolongamento em outra breve horizontal artificial que resultou da dragagem, as três linhas permitindo a existência do porto de mar. A única linha reta horizontal natural naturante, no desenho e na vida, é a do espelho das águas: traço mineral e líquido que desafia, com sua superfície aparentemente plana ao olhar limitado da raça humana, a curvatura do universo.

Trata-se de um croqui deliberado, uma síntese concisa e compacta. Não pretende hipervalorizar o fetiche romântico da suposta criação espontânea. Ao contrario, aqui arte e arquitetura são assumidamente artifícios, e como tal se apresentam: despudoradamente. A economia de meios não

veio fácil e disso se orgulha, com razão, e pela razão: as
crianças se lambuzam antes de aprender a comer apenas
pelo orifício da boca, os discursos orais se prolongam mas
raro conseguem explicar bem o que a poesia pode revelar em
uns poucos vocábulos.

Que porém, só são poucos porque a luta com as palavras
nunca acaba, mas termina, provisoriamente, ao romper
da manhã seguinte, como em Drummond. Um croqui que
lembra a sabedoria de um mestre calígrafo Shodo, traçando
com seu pincel um kanji perfeito, em apenas três segundos
intemporais que contém trinta anos. Uma simplicidade densa
e complexa que diz sem palavras, mas que as palavras podem
ajudar a apreciar. Especialmente se forem poucas e breves, e
surjam apenas porque homenagear é preciso.

Nota

NE. Publicação anterior do texto:
ZEIN, Ruth Verde. Nulla die sine
linea. In Arroyo, Julio (Org.).
*Paulo Mendes da Rocha, Entre
Ideas y Dibujos*. Santa Fé, Unil,
2015, p. 70-73.

Capela Brennand
Um lugar, três muros, um chão, uma cobertura e uns detalhes

A aproximação é pela mata, a chegada passa ao lado do conjunto de galpões em alvenaria de tijolos aparentes, a capela está mais adiante ao fundo e, embora se mostre branca, não se destaca, pois a abundante vegetação próxima a revela apenas na aproximação final. O volume edificado tem proporção quase retangular de aproximadamente 2:1 e seu eixo longitudinal de implantação está girado 15° em sentido anti-horário em relação ao Norte.

Uma placa-chão de concreto estabelece um território de ocupação perfeitamente plano, muito pouco acima do terreno nas faces Norte e Leste, enquanto o declive natural para os quadrantes Sul e Oeste faz notar um discreto embasamento revestido parte em pedra, parte em concreto. Ali o chão está sobre um subsolo habitável, sutilmente anunciado pela irregularidade do perímetro no lado Sul e por um quase imperceptível rasgo de ventilação.

No limite Leste da placa-chão estabelece-se o primeiro de uma série de anéis retangulares murados. O primeiro anel-muro tem perímetro incompleto, definindo-se apenas pelas quatro extremidades a modo de cantoneiras de moldura; seus quatro tramos isolados desenham cada qual três ou dois arcos, totalizando onze arcos completos e oito arranques incompletos. Sua altura regula com a dos vãos das portas do segundo anel.

O segundo anel retangular murado está revestido e caiado de branco por fora, mas revela a espessa alvenaria de pedra por dentro, sendo vazado por vinte portas-janelas em arco, três em cada fachada menor e sete nas maiores, totalizando dezenove vãos finos e altos e um mais largo e baixo, com ares de coisa antiga por seus batentes de pedra de cantaria. Adentra-se por algumas dessas portas, mas não por todas.

Um terceiro anel mais interno é de vidro transparente de desenho ziguezagueante, para seu melhor sustento, sem esquadrias, fincado no chão e articulado entre as peças por cantoneiras, deixando um pequeno recuo convexo a modo de galilé no acesso pela fachada Norte; onde também ocorre uma entrada preferencial, de altura ligeiramente rebaixada pela posição do coro. Este é simples travessão de concreto apoiado na primeira coluna e suportando estreito balcão, cujo acesso se dá por escadas dispostas entre o segundo e terceiro anéis, entre o segundo e terceiro vãos, no lado Oeste. Dois outros acessos rompem o muro de vidro e se faceiam, opostos, na porção mediana dos lados maiores; mas não estavam abertos no dia da visita.

Uma cobertura em laje de concreto é da mesma dimensão planar do segundo anel murado, mas nele não toca, aparenta flutuar um pouco acima, permitindo um respiro construtivo. Essa cobertura de laje apoia-se em uma viga longitudinal trapezoidal disposta ao longo do eixo central e descarrega em duas colunas cilíndricas, recuadas das bordas da laje e espaçadas em ritmo de proporção 1:4:1; a cobertura em laje é travada transversalmente por uma viga-calha que arranca em posição central no lado Leste e se conecta à torre-sineira, a qual faz as vezes de terceiro pilar externo.

Uma torre sineira isolada, de planta retangular e desenho vazado, a modo de viga-calha em pé, situa-se beirando para fora a linha do primeiro anel incompleto e se estende além e abaixo do nível do terreno, definindo uma eventual cascata que capta a água da chuva e a armazena no subsolo. Na fachada oposta, uma pequena mesa/altar quadrada equilibra a composição e preserva, de maior aproximação, o trecho que abriga as escadas para o coro.

Entrando-se, após o acesso/coro há o vazio-nave, e na outra extremidade, o altar/púlpito, tendo à direita, ou canto Sudoeste, a estreita escada de acesso ao subsolo. A coluna e o balcão dispostos no acesso parcialmente impedem a visão do espaço interno e relativamente pequeno, de maneira semelhante, mas menos efetiva, à da Capela de São Pedro em Campos do Jordão, desenhada pelo mesmo arquiteto.

O subsolo discreto, que mal se vê de fora ou se percebe por dentro, tem seu acesso por uma escada que define trajeto em linha quebrada, seguida por estreito corredor que ultrapassa os perímetros dos anéis murários. Então se alarga em pequena cava/sacristia envolvida em muro de pedra, fracamente iluminada pela estreita janela entre a placa chão mais acima e o chão terra acima.

Voltando-se ao chão de cima, e à capela, é possível então notar os detalhes que abundam sem se acumular em excesso: placas de acabamento e comemorativas, peças cerâmicas incrustradas, desenhos e escritos em baixo-relevo; dispostos no chão e no balcão, bordejando púlpito e coro. Acrescentam-se as peças móveis, bancos de chapa dobrada de ferro, assentos, encostos e genufletores de madeira, castiçais de pé alto, alguma estatuária apoiada ou fixada, o altar de três peças de pedra consolidadas; e muitas outras pequenas coisas, até porque deus também está nos detalhes.

A luz natural é filtrada, a luz artificial, que não se carece de dia, é disposta quase industrialmente em pequenas aberturas na laje de cobertura, as sombras criadas e a brisa natural poderiam suavizar o calor constante do clima – mas os vidros que preservam também barram, especialmente quando deixados fechados.

O primeiro olhar não é de agrado: os arcos fraturados definem uma primeira barreira que intriga, o acesso frontal e pela lateral direita/Oeste força a visão da coisa isolada, a circunvolução do reconhecimento necessário é pouco favorecida pela declividade, o terreno e as árvores.

Mas eu rodeio, passeio e adentro, volto e saio, olho outra vez, observo com a pele. Recuso-me a pensar o que quer que seja antes de sentir o que de fato é. Só depois de passar pelo segundo anel murário é que o olhar se detém e relaxa: aqui domina a vontade do arquiteto. O branco purista predomina fora, mas dentro a atenção é captada pela relativa profusão de detalhes, que o caráter cambiante dos vidros multiplica, entre transparências e reflexos. Sem chegar a confundir por conta da paleta de cores discreta, indo do alaranjado escuro das pedras e madeiras ao acinzentado azulado do concreto e cerâmicas, com quase nenhuma nota vibrante.

Apesar de pequena e discreta, não é uma obra fácil de entender, menos ainda de digerir. Para apreciá-la como merece se requer suspender o juízo e se sugere uma aproximação cuidadosa, com atenção demorada a cada detalhe. Como sempre – mas aqui especialmente – descrevê-la não é tarefa dispensável, mas passo básico e fundamental.

Ainda mais quando sabemos que Paulo Mendes da Rocha é o autor; e, por isso, grande é a tentação de se esquecer a coisa-obra e só comentar a pessoa-arquiteto. Maior ainda a tentação de tentar *explicar* a obra por metáforas, simulando o que ela não é, em vez de apreciar sua tectonicidade, proporção, vazios e materiais.

A descrição aqui proposta não é absoluta, mas vivencial. Quase, talvez, fenomenológica. E agora vai se permitir uma única e final analogia ou licença poética. Seu percurso quer lembrar a apreciação de um bom vinho. Em vez de se decretar que o gosto é bom apenas por se olhar o rótulo, convém abrir e degustar. Ativando assim outros sentidos e percepções: o cheiro, a cor, a consistência, o toque e de novo o olhar. Neste caso, é um vinho de mistura de cepas, uma alquimia de origens rústicas e sofisticadas, envelhecido em corpo e jovem em espírito. Precisa assentar para ser bem apreciado.

Nota

NE. Publicação anterior do texto: ZEIN, Ruth Verde. Capilla Brennand. *En Blanco*, v. 1, n. 15, Valência, set. 2014, p. 72-73.

Tradição moderna e cultura contemporânea
A contribuição do brutalismo dos anos 1950-1970 no Brasil e alhures

Em sua obra de 1941 *Space, Time and Architecture. The Growth of a New Tradition*,[1] o historiador e crítico de arquitetura Sigfried Giedion sugere que, após superar seu momento inicial disruptivo, de vanguarda, a modernidade deveria gradualmente estabelecer-se como outra tradição arquitetônica, a tradição dos nossos tempos. Naquele momento, essa era uma afirmação arrojada que se confirmaria nos anos seguintes. E a alta qualidade da arquitetura moderna brasileira de meados do século 20, celebrada internacionalmente em publicações e exposições realizadas após 1943, certamente assumiria um papel muito precoce na construção e reiteração dessa nova tradição.

Daí em diante – e apesar das crises pelas quais passou a modernidade – é razoável afirmar que ainda é sobre a base dessa *tradição moderna* que a arquitetura contemporânea repousa. A partir do último quartel do século 20, várias revisões críticas e historiográficas ajudaram a ampliar a abrangência e a dar novos significados a essa tradição moderna, que hoje já não pode ser vista como uma questão que afeta exclusivamente a Europa ou apenas o eixo Norte/Ocidental do mundo, mas precisa ser compreendida como englobando o conjunto de resultados arquitetônicos produzidos de maneira não-linear, diversificada e múltipla no seio de uma arena global complexa, com distintas densidades locais e permeada de contradições e paradoxos, incluindo uma grande gama de contribuições oriundas de muitos lugares e culturas e sendo realçada por muitos personagens e cenários.

Uma similar expansão do campo também precisa ser aplicada ao reconhecimento da arquitetura moderna brasileira; e como tal, já vem ocorrendo nas últimas décadas, dentro e fora do país, vários esforços no sentido de se ampliar a percepção sobre a contribuição brasileira para a constituição dessa tradição moderna. Além da necessária reavaliação e revalorização da nossa modernidade clássica dos anos 1930-1960, também um amplo número de estudos e pesquisas vem ampliando esse reconhecimento, incorporando outras obras e reconhecendo outras tendências também importantes ao longo do século 20, em especial na sua segunda metade. Trata-se de um amplo esforço envolvendo muitas mãos, e que ainda está em desenvolvimento.

Nos anos 1940-1960, a arquitetura moderna brasileira foi amplamente publicada em periódicos de todo o mundo. Mas até os anos 1970 não havia livros propondo sua revisão historiográfica, à exceção de alguns catálogos de exposições internacionais dos anos 1940-1950, os quais, por definição, não tinham o propósito de contribuir para uma sinopse completa do tema, e sim apenas dar notícia de algumas contribuições. Após a inauguração de Brasília (1960), há uma abrupta redução do interesse internacional sobre a arquitetura brasileira, e até o final do século 20 quase nada se sabia, fora do país, sobre a arquitetura moderna brasileira posterior a Brasília; e seu reconhecimento, quando ocorria, permanecia acorrentado aos mesmos elogios e críticas exarados em meados do século 20, uma boa parte dos quais estavam ou mal informados, ou se tornando rapidamente desatualizados.

Esse panorama começa a mudar após os anos 1980, primeiro no âmbito brasileiro, com o florescimento de vários periódicos locais e com o incremento nas atividades de pesquisa sobre a historia dessa arquitetura moderna, que começam a ser realizadas por uma geração mais jovem de críticos e pesquisadores, produzindo uma ampla variedade de novas informações e de revisões críticas. Já na época, tais trabalhos seguiam, em linhas gerais, um caminho tríplice: a) precisões e revisões de *antigos dizeres* sobre o heroico momento modernista anterior a Brasília; b) levantamentos coordenados sobre a mais recente arquitetura brasileira, com interesse em sua variedade formal, regional e material; c) por fim, alguns de nós (inclusive esta autora) buscávamos propor caminhos alternativos para rever o panorama da arquitetura brasileira do século 20 superando a ênfase em gênios isolados e heróis que marcava, então de forma quase exclusiva, a historiografia da arquitetura brasileira, buscando como alternativa ressaltar seus processos complexos e multiestratificados.

Tal esforço de revisão historiográfica certamente incluía também a análise das melhores obras e arquitetos, mas buscava se manter ciente sobre as múltiplas conexões que a arquitetura moderna brasileira, num complexo movimento de mão dupla, sempre manteve com a cultura internacional disciplinar. Certamente, esses três caminhos aqui apontados não eram estanques, e sim conectados e associados entre si, conformando um esforço coletivo cujo objetivo precípuo era o de melhor compreender a tradição moderna da arquitetura brasileira. Ao buscar revê-la segundo um sentido mais amplo e atualizado – como um patrimônio valioso e multifacetado – esse esforço quer entender a arquitetura moderna brasileira do século 20 não apenas como uma conquista do passado, mas como um legado vivo, ainda pleno de significados, com efeitos notáveis e visíveis sobre o âmbito da arquitetura contemporânea no Brasil, inclusive no século 21.

Que as várias tendências e contribuições nascidas das manifestações da arquitetura moderna seguem sendo uma herança viva, que continua ajudando a construção da arquitetura contemporânea brasileira, é uma afirmação que parece se confirmar, mesmo ainda nesta segunda década deste outro século. É possivelmente também válida alhures. Em grande parte da América Latina e em outros lugares do mundo, a tradição moderna vem se renovando, tomando como base as revisões trazidas pelo modernismo histórico, e suas contribuições vêm sendo reconhecidas não apenas enquanto marcos de um momento passado e encerrado, mas como uma tradição viva, presente, contraditória e complexa. Ideias, discursos, formas e aspirações desse impulso moderno, mais ou menos transformados, mas ainda vigorosos, permanecem vivos no núcleo conceitual da maior parte dos debates e propostas arquitetônicas contemporâneas brasileiras. Portanto, ajudando a tecer o cenário arquitetônico do século 21 com roupas antigas mas renovadas, algumas vezes aperfeiçoadas, outras apenas repetidas, disfarçadas pela superposição de outras camadas brilhantes e superficiais.

Nas primeiras décadas do século 21, também ressurgiu um interesse internacional crescente sobre a arquitetura brasileira recente, em contraponto quase obrigatório com algumas tímidas reavaliações sobre nosso passado *mítico e dourado*.[2] Algumas publicações internacionais têm novamente incluído obras selecionadas da arquitetura contemporânea brasileira, acompanhadas de artigos críticos de variada consistência, algumas vezes escritos por *especialistas* de segunda mão que açodadamente se arriscam a tentar entender o território brasileiro de 8,5 milhões de quilômetros quadrados e oito prolíficas décadas de arquitetura moderna em três parágrafos. Evidentemente, não é tarefa simples nem fácil, em quaisquer circunstâncias, dar respostas instantâneas genéricas para resolver questões complexas – como, por exemplo, realizar um panorama consistente sobre essa vasta herança. Nem serei eu aqui capaz de fazê-lo, a não ser de maneira necessariamente incompleta.[3]

Não faltam tentativas. Alguns relatos recentes parecem querer simplificar esse panorama complexo de maneira a fornecer explicações rápidas e fáceis. A hipótese historiográfica dos gênios[4] tenta solucionar o desafio de suplantar os vácuos de reconhecimento internacional após 1960 por meio do acréscimo de uns poucos outros nomes de (nem tão) novos talentos aos antigos arquitetos consagrados. Mas mesmo aceitando a inevitável necessidade de incluir obras de alta qualidade e mencionar obrigatoriamente e com louvor as/os melhores arquitetas/os, há que se convir que esta simplificação segue reduzindo o cenário arquitetônico deste imenso país a um grupo restrito de nomes, implicitamente ignorando a complexidade e ampla variedade de contribuições que contém. Como possibilidade conexa, a hipótese *política* sugere a existência de uma combinação paradoxal de boa genialidade e más políticas como causas da glória e da suposta decadência da arquitetura moderna brasileira que teriam sido consequências diretas do infeliz governo militar que tomou o país nos anos 1960-1980: uma explicação fraca e de pouco embasamento, mas muito atrativa. Mas é novamente e apenas uma grande simplificação, apta a confundir e retardar a busca de uma melhor compreensão desse panorama. Primeiro, por não reconhecer que a arquitetura brasileira nunca está desconectada do que acontece no mundo, que a arquitetura, em geral, tem suas próprias especificidades disciplinares, que a historicidade fatual dos acontecimentos obsta essa explicação. Por exemplo,[5] é fácil demonstrar como algumas das melhores e mais experimentais arquiteturas modernas brasileiras dos anos 1950-1970 foram propostas tanto antes quanto depois do advento da ditadura militar, sem que, por conta desta, ocorram alterações estéticas ou conceituais perceptíveis. Até porque praticamente as mesmas tendências estéticas arquitetônicas também estavam ocorrendo, com variações, em todo o mundo, realizadas por outros incontáveis arquitetos, nas mesmas décadas, embora cada qual trabalhasse dentro de uma grande variedade de situações econômicas, políticas e culturais distintas, e mesmo opostas. Os fatos históricos não apoiam uma explicação politica simplista, nem ajudam de fato a referendar quaisquer hipóteses simplificadas de relações de causa e efeito unívocas entre a política brasileira e arquitetura brasileira.

Este texto não quer seguir por esses caminhos. Não quer reforçar velhos mitos com novas roupagens. Não propõe uma visão panorâmica ampla e superficial da arquitetura moderna brasileira,[6] nem apresenta uma listagem adequadamente digerida e falsamente exaustiva dos arquitetos brasileiros *excepcionais* e suas obras. Não apresenta uma revisão compactando um século em poucos ítens. Em vez disso, tem como objetivo analisar, um pouco mais a fundo, de modo mais preciso, mas ainda assim limitado, um momento histórico delimitado, embora algo amplo. E dentro dele, estudar apenas uma tendência estilística, relativamente restrita, mas muito importante. Uma tendência significativa e audaciosa que floresceu não somente no Brasil, mas também em todos os lugares do mundo: o assim chamado brutalismo dos anos 1950-1970.

Recentes pesquisas da autora[7] sustentam a hipótese de que o brutalismo de meados do século 20 foi uma tendência muito importante não apenas no Brasil como em todo o mundo. E no Brasil em geral também, assim como em São Paulo (embora não apenas, mas aqui eu vivo e moro). Por isso, acredito que um estudo mais aprofundado das obras da tendência brutalista, considerando como base conceitual o caso brasileiro, e mais especialmente o de São Paulo, pode ser de interesse. Não apenas em si mesmo, mas também como um passo para o desenvolvimento de estudos mais amplos, aptos a melhor entender aquele momento. E finalmente, que tais estudos podem ser capazes de contribuir para melhor compreender uma arquitetura contemporânea *neobrutalista* e *neomoderna* brasileira e internacional, que vem sendo realizada por uma geração muito jovem de arquitetos espalhados pelo mundo todo.

Revisando a imprecisa caracterização do brutalismo[8]

Por preconceito e desconhecimento, a tendência arquitetônica hoje conhecida como brutalismo foi por muito tempo desvalorizada, ou sequer reconhecida, e muitas obras que podem ser associadas a essa tendência foram até recentemente ignoradas ou desprezadas pelos historiadores e revisões críticas dos anos 1980 até recentemente. O termo brutalismo, às vezes rotulado como tardo-moderno, foi quase sempre tratado de maneira pejorativa; ou limitada: muitos autores só consideram autorizado seu uso quando aplicado a certas manifestações específicas da Grã-Bretanha.[9]

Esse viés restritivo desconhece ou não quer considerar a enorme quantidade de exemplos brutalistas, de boa e excelente qualidade, projetados quase ao mesmo tempo que os exemplos ingleses, e alguns inclusive projetados anteriormente a estes, situados nos cinco continentes. Obras relacionadas que, se lidas de maneira justaposta – que sua proximidade temporal permite e encoraja – mostram uma notável semelhança em suas soluções estruturais, materiais e formas arquitetônicas, e frequentemente compartilham uns mesmos discursos e intenções programáticas – e como tal, não faz sentido não permitir englobá-las em um mesmo conjunto, que bem pode ser corretamente rotulado como brutalismo. Trata-se de uma tendência arquitetônica que, pelos revezes de sua má fortuna crítica, não foi devidamente reconhecida a seu tempo, nem percebida como um conjunto amplo e relativamente coeso que poderia, inclusive, ser entendido como um outro estilo internacional, visto que seu florescimento acontece de maneira consistente em todo o mundo, nos anos 1950-1980; inclusive, ao que parece, sem clara precedência temporal das obras de qualquer outro país.

Também é inquestionável que, especialmente após os anos 1970, a tendência brutalista tenha produzido muitas obras arquitetônicas de má qualidade. E que as dificuldades de adaptabilidade e manutenção de suas estruturas, em geral exageradas, tenha precocemente envelhecido e/ou acelerado sua obsolescência. Também é fato que uma boa parte dessas obras, talvez as de menor qualidade, tem pouca ou nenhuma preocupação com uma mais efetiva conexão com seu entorno. Mas seria muito superficial e apressado condenar todas as conquistas brutalistas de alto nível de interesse e qualidade por conta de suas falhas, ou das falhas de outras obras de menor qualidade. Além disso, e paradoxalmente, algum viés tipicamente brutalista ainda sobrevive, de forma sutil, mas verificável, em muitas tendências arquitetônicas do século 21. Alguns de seus paradigmas formais e discursivos seguem influenciando os padrões da prática didática no ensino acadêmico. Segue influente, apesar da virtual ausência de uma análise mais coordenada sobre a contribuição (e os problemas) dessa arquitetura brutalista. O brutalismo está ausente ou mal representado na maioria dos livros canônicos de referência, amplamente usados em todo o mundo. Entretanto, se não for reconsiderado com alguma profundidade, não é possível compreender corretamente a arquitetura contemporânea e, inclusive, a vitalidade continuada de suas raízes modernas. Como também ocorre em outros países e lugares, a arquitetura contemporânea brasileira está em dívida com uma melhor compreensão de suas manifestações brutalistas de meados do século 20, que deve ser mais bem estudada, e também com suas conexões internacionais, como passo necessário para melhor preparar o caminho de transição entre o legado da modernidade clássica e a arquitetura contemporânea.

Tanto nos textos de Reyner Banham,[10] como nos de vários outros estudiosos, ou mesmo em fontes menos doutas, o termo brutalismo é muitas vezes superposto ou confundido com o assim chamado movimento novo brutalismo – expressão cunhada por uma geração de críticos e arquitetos britânicos para sinalizar alguns dos temas de seu debate locais. A expressão novo brutalismo nasce circunstancialmente, adotada por uma geração mais jovem de arquitetos e críticos britânicos do imediato pós-guerra, menos como um programa preciso e mais como uma atitude de contraposição ao status quo. Na época, designava um estado de insatisfação genérico com o estado de coisas local e internacional, e propunha um contraponto em face da tensão contínua entre a continuidade e a transformação da tradição modernista anterior à Segunda Guerra. É nesse sentido que os arquitetos Alison e Peter Smithson a usaram em seus esparsos e altamente sintéticos textos, publicados em torno de 1955.

Banham e seus colegas da *Architectural Review* subsequentemente endossaram a expressão, talvez exagerando sua importância; e James Stirling a menciona em seu breve relato dos debates arquitetônicos britânicos imediatamente posteriores à segunda guerra.[11] Naquele contexto e naquele momento de meados da década de 1950, o que esses criadores entendiam por novo brutalismo certamente não era um estilo; tampouco era um movimento coordenado, e durou pouco mais que uma temporada, até porque a efusiva criatividade dos Smithsons logo os levou a abraçar outros debates e propostas. Talvez, se a Inglaterra não vivesse então a ressaca do tempo em que era um império mundial, o novo brutalismo passasse pela história como uma curiosidade, um debate local dentre muitos outros daquele momento. É somente na década seguinte, ou seja, em meados dos anos 1960, que Banham volta a reivindicar o nome e as posições dos Smithsons para qualificar o que já era então uma tendência arquitetônica de realidade mundial. E deliberadamente confunde o brutalismo internacional com o novo brutalismo, com o objetivo nada inocente de reclamar a precedência britânica para o uso do termo, e para a definição de sua validade.

Mas apesar de Banham ter sido, como foi, muito bem-sucedido em sua tarefa de construir uma historiografia enviesada do brutalismo, uma revisão histórica que pretende entender suas origens deveria dar, em primeiro lugar, a precedência às obras de Le Corbusier. Considerando-se que suas lições foram muito rapidamente aprendidas por sua rede de discípulos diretos e indiretos, e postas em prática com uma rapidez ainda maior. Tanto que, já em finais dos anos 1940 e início dos 1950, e dali em diante, em muitos países e lugares do mundo, já podem ser registradas obras que começam a despontar no cenário arquitetônico, muito interessantes e significativas, que a posteriori já podem ser chamadas de brutalistas – apesar de raramente serem assim rotuladas antes do final da década de 1950 e início dos anos 1960.

O sucesso e rapidez com que o idioma brutalista se estabelece e é adotado resulta de uma mistura de diversas aspirações, às vezes contraditórias entre si. Discursos sobre a necessidade da industrialização são combinados com sistemas de formas artesanais cuidadosamente projetadas e elaboradas; a necessidade de melhorar o nível técnico da construção civil ocorre em contraponto com o uso de mão de obra abundante e não especializada; a influência das maciças e rústicas formas e moldes de concreto e o detalhamento rusticamente plástico de Le Corbusier é, com frequência, mesclado com a leveza e precisão dos grandes vãos e pórticos de Mies van der Rohe. Muitos jovens arquitetos de inúmeros lugares do mundo convergiram para o atelier de Le Corbusier em Paris e, ao voltar para seus países, levavam a influência do franco-suíço e o desejo de explorar as possibilidades plásticas do concreto armado e protendido. Até mesmo o aumento mundial da produção de barras de aço pode ser considerado como uma outra condição que, se não determina, certamente permite um mais extensivo uso de estruturas de concreto armado e protendido, e justifica seu uso não somente em grandes obras, mas mesmo em situações mais discretas, como casas individuais, habitações coletivas, edifícios de escritórios e equipamentos sociais, entre outros programas.

A pesquisa em variadas fontes leva a constatar que, de 1960 em diante, há um aumento exponencial do emprego do concreto armado cru, bruto ou não tratado, em diferentes tipos de construções, realizadas em todo o mundo, projetados por arquitetos de prestígio, cujo exemplo era disseminado pela livre circulação de periódicos especializados, e pela crescente facilidade de viagens ao exterior. Em poucos anos, a tendência arquitetônica brutalista manifestou-se por todos os lugares. Os melhores exemplos, projetados por alguns mestres bem conhecidos, eram confirmados, replicados e ampliados, rapidamente configurando uma das tendências arquitetônicas mais reconhecíveis daquele momento. O sucesso foi de tal monta que fez emergir, muito rapidamente, um *quase-estilo* mais ou menos sistematizado, facilmente reconhecível e facilmente adotável por outras/os arquitetas/os, com mais ou menos engenhosidade em cada caso. Apoiada e validada pelas obras exemplares dos anos 1950 e que, mais tarde, rapidamente estabeleceram uma linguagem reconhecível, uma grande variedade de obras brutalistas foi publicada em várias revistas em todo o mundo nas décadas de 1960-1970. Fato que nunca é mencionado nas assim chamadas *historiografias críticas dos anos 1980*.

Ao se revisar o amplo conjunto de obras conformado por esses exemplos, pode-se perceber a existência de uma gama relativamente variada de possibilidades formais dentro da tendência brutalista. Ainda assim, são reconhecíveis os traços em comum, especialmente no que se refere aos aspectos visuais e construtivos. As primeiras declarações explícitas de comentadores, críticos e historiadores, reconhecendo algumas obras arquitetônicas segundo uma afiliação brutalista, começaram a aparecer apenas após 1959, quando já havia exemplos suficientes para se perceber um conjunto. Raramente essas classificações se originavam dos próprios arquitetos; mais frequentemente, compareciam no depoimento de cronistas e críticos, que baseavam suas avaliações em detalhadas descrições das obras, e não num corpo doutrinário a priori – mesmo se, em alguns casos, houvesse algumas tímidas tentativas nesse sentido.

Quando Reyner Banham organiza seu tardio volume sobre o brutalismo, já em 1966, a situação havia mudado totalmente em relação aos seus escritos iniciais do começo dos anos 1950, época do entusiasmo britânico pelo novo brutalismo. A tendência brutalista já estava disseminada multinacionalmente, e rapidamente se tornava uma das linguagens arquitetônicas mais usadas nos anos 1960. Banham percebe que o campo havia mudado e que o brutalismo já não mais podia ser admitido como pertencendo exclusivamente a ele e a seus amigos. E, mesmo assim, principalmente na primeira metade de seu livro, busca convencer o leitor da mítica origem britânica e sueca do brutalismo, estendendo-se em argumentos, às vezes falaciosos, para provar tal precedência. Mas, na segunda metade do livro, ele também sugere a existência fatual de uma *conexão brutalista* internacional – uma afirmação muito inteligente e precisa.

Apesar de Banham dizer que "não pode explicar a origem"[12] dessa disseminação internacional, ele cita vários exemplos de muitos países, do Japão à Itália e ao Chile. E afirma que as obras da conexão brutalista, espalhadas por muitos lugares e continentes, já não podem ser explicadas como tendo se originado das ideias e obras do neobrutalismo britânico. E que o brutalismo, como tendência mundial, não tinha uma origem central, exceto, claro, pelas propostas de Le Corbusier.

Infelizmente, poucos autores leem Banham em sua completa extensão. E por isso o que até agora sobreviveu da contribuição crítica de Banham não foi seu inteligente levantamento da conexão brutalista, na segunda parte do seu livro, mas principalmente os preconceitos e o jogo político de desinformação que ele ativa na primeira metade de seu livro. Essa é a parte ainda hoje citada, sempre de forma repetitiva e bem pouco crítica, copiada sem pejo por uma grande quantidade de obras canônicas e secundárias, também em todo o mundo. É lamentável que, até agora, a contribuição de Banham sobre esse assunto tenha sido reduzida às citações de seu artifício pró-britânico, e que os estudiosos quase nunca mencionem a ampla visão que propunha por seu levantamento internacional, mesmo que ainda limitado (e eivado de alguns enganos).

De todo modo, o termo conexão brutalista, também criado por Banham, segue sendo muito útil.

É apto para descrever o florescimento simultâneo, em vários países e regiões do mundo, de obras sintonizadas com o cânone brutalista, o qual estava sendo rapidamente estabelecido pelas obras exemplares projetadas por vários arquitetos, trabalhando em diferentes países, que não estavam necessariamente vinculados uns aos outros, nem compartilhavam um foco central (exceto, como dito acima, a origem corbusiana), mas agiam como nós, em conexão, de uma rede internacional. De fato, o brutalismo foi abraçado, de modo entusiástico, por virtualmente todas/os as/

os arquitetas/os atuantes nos anos 1960-70, pelo menos em algum momento de suas carreiras.[13]

Pela ausência de relatos abrangentes e equilibrados, o Brutalismo continua a ser visto, e o termo citado, de forma confusa; o que impede seu reconhecimento como um fenômeno importante na história arquitetônica dos meados do século 20. Tal ausência talvez tenha a ver com seu sucesso, seguido de seu rápido declínio. Já no final da década de 1970, os edifícios brutalistas começam a receber críticas, tanto por leigos como por especialistas, muitas vezes por razões bem fundamentadas.[14] Após seu sucesso nas décadas de 1960-70 e seu extensivo emprego no projeto de edifícios públicos e oficiais (do primeiro ao segundo ao terceiro *mundos*), o brutalismo também é rotulado, pelos críticos neoliberais e por influentes historiadores de arquitetura, como parte de um momento equivocado e malogrado, tanto estética quanto politicamente. Por boas ou por más razões, o brutalismo nunca recebeu a atenção que merecia como tendência arquitetônica das mais relevantes do século 20; muito menos uma avaliação sistemática de suas contribuições. A maior parte dos autores acadêmicos cita um Banham parcial e equívoco, sem pensar muito no assunto, ou são hostis em relação ao tema, ou com maior frequência, apenas o ignoram.

A superficialidade do termo brutalismo

A ausência de definições sistemáticas sobre o brutalismo – apesar de sua relativamente requente, porém imprecisa, aplicação a certas expressões arquitetônicas modernas de meados do século 20 – é paradoxal. Será o termo tão vago que, afinal de contas, sequer vale a pena tentar empregá-lo de modo coerente e consistente?

Segundo William Curtis,[15] nem o pós-modernismo, nem o brutalismo podem ser facilmente caracterizados como *estilos* claramente delineados, apesar de cada termo ser capaz de designar um grupo de aspirações e rejeições, mesmo que vagas. Entretanto, não parece tão difícil listar as características dos edifícios brutalistas, que podem ser facilmente extraídas do estudo da ampla gama de obras às quais o termo foi aplicado. Tampouco é difícil identificar quais obras são, ou parecem ser, ou pelo menos poderiam plausivelmente ser vistas como brutalistas. Também não parece difícil listar suas características formais, construtivas e até simbólicas. O que parece escapar por entre os dedos é como definir, para tantas e tão diversas produções, algo que as una para além de sua semelhança, que ultrapasse o nível de uma certa sensibilidade tátil. Como afirma Curtis, a única coisa que realmente liga as arquiteturas brutalistas pode ser capturada num cliché, ou seja, "esta arquitetura era aquela em que as superfícies de concreto aparente são obtidas com auxílio de formas rústicas de madeira".[16] Entretanto, isto talvez não baste para definir o brutalismo como uma tendência, muito menos como um estilo – considerando-se, inclusive, que também havia edifícios brutalistas feitos com alvenaria de tijolos. O termo brutalismo parece ser inadequado porque lhe falta uma qualidade ou substância essencial, capaz de propor conexões, entre a maior parte de suas manifestações, para além de quaisquer dúvidas. Tal qualidade essencial talvez pudesse ser a ética, ou pelo menos um padrão moral aplicado ao projeto arquitetônico. Entretanto, esta não seria uma definição, mas um subterfúgio: escapando da imprecisão de um âmbito – arquitetura – para a imprecisão ainda maior de outro – ético-moral – deixando a arquitetura para entrar no âmbito da filosofia, sem resolver o problema de definir o brutalismo em termos arquitetônicos.

Entretanto, em vez de descartar o brutalismo como um termo inadequado, conceitualmente vago, podemos descobrir que ele é paradoxalmente apropriado, se adotada uma abordagem pragmática ou fenomenológica para entendê-lo. Tudo o que se precisa fazer é renunciar à busca por uma harmonia interna, essencial, entre as obras brutalistas; e aceitar que o que de fato as une é a aparência. Se aceitarmos essa definição *superficial* e deixarmos de procurar por outra *essencial*, então pode-se, sem inconsistência lógica, atribuir o título de brutalista a um grupo de obras corretamente datadas, que compartilha características superficiais e formais semelhantes, mesmo se em cada uma dessas obras seus criadores admitam ter adotado atitudes conceituais, éticas ou morais distintas. Em outras palavras, alguns edifícios podem ser chamados brutalistas simplesmente porque parecem sê-lo, vez que o que determina sua inclusão nesse grupo não é uma suposta essência interna e/ou extra-arquitetônica, mas a proximidade formal e visual de suas superfícies externas; e que as obras ditas brutalistas formam um conjunto não por suas características intrínsecas, mas por sua manifestação extrínseca.

Se tal definição for aceitável, não há problema conceitual algum em rotular algumas manifestações da arquitetura brasileira paulista dos anos 1950-1960 como brutalistas, e inserir sua contribuição entre outras, também pouco conhecidas, manifestações brutalistas ocorridas em todo o mundo.

Alguns aspectos da contribuição do brutalismo para a tradição da arquitetura moderna brasileira

A narrativa internacionalmente consagrada sobre a arquitetura moderna brasileira reconhece uma coleção de obras excepcionais realizadas a partir dos anos 1930, surgidas do acaso ou da genialidade, coleção que abruptamente se encerrava com a inauguração de Brasília em 1960. No século 21, e apesar dos livros recentes que vêm buscando aprofundar o assunto, a arquitetura brasileira permanece, para a maioria dos observadores estrangeiros, emoldurada nas mesmas imagens de um passado glorioso subitamente interrompido por um espantoso vácuo. As assim chamadas *revisões críticas* da arquitetura moderna, escritas principalmente por europeus nos anos 1980, mantêm essa ficção, pausando nas mesmas fotos em preto e branco da construção de Brasília, cidade que a maioria dos autores sequer visitou e estudou de fato. Com a crescente distância no tempo, essas ideias estacionárias e desgastadas não mais funcionam. Mas apesar da situação estar exigindo uma revisão adequada, corre o risco de ser tratada através da construção de novos mitos, incrustando-os sobre os antigos. Tampouco basta apenas elogiar uma lista um pouco mais ampla de gênios locais para substituir ou alinha-se com os velhos gênios consagrados.

Porém o objetivo deste artigo não é obter uma visão completa e renovada da tradição moderna brasileira. A proposta aqui, mais modesta, é de sugerir algumas ideias conceituais que possam aclarar alguns aspectos interessantes da arquitetura moderna de meados do século 20, no Brasil e alhures, esperando que essas considerações possam abrir e desestabilizar os relatos superficiais, lineares e triunfais comumente exarados sobre a arquitetura brasileira. Sua vontade é a de colaborar para tentar e construir uma historiografia crítica mais complexa, multiestratificada e internacionalmente conectada, capaz tanto de elogiar nossa tradição moderna como de ultrapassá-la, quando necessário. Sabendo que são ambições complexas, que só podem ser plenamente realizadas com auxílio de muitas outras mãos e mentes, através de pesquisas aprofundadas e coordenadas.

Em décadas recentes, o relativo esvaziamento da crítica pós-moderna contra a modernidade clássica deu lugar a uma avaliação mais generosa de seus resultados. A arquitetura moderna dos anos 1950-1960 está sendo hoje progressivamente reconsiderada e avaliada enquanto uma herança mais complexa, ambígua e mais valiosa do que podia parecer num primeiro momento de críticas.[17]

Além disso, algumas das obras brutalistas dos anos 1950-1970 e alguns de seus autores mais considerados estão sendo revalorizados por uma florescente geração de arquitetos neomodernos (e, às vezes, neobrutalistas). Abordagens pluralísticas contemporâneas expandiram o campo admitindo outras percepções e sensibilidades, e alguns temas, anteriormente rotulados como não relevantes, podem agora ser incluídos para compor um panorama intensamente variado, amplo e multifacetado.

Tendo em mente esta abertura de horizontes, podemos novamente perguntar o que aconteceu com a arquitetura brasileira depois (e antes) de Brasília, e que permanece não visto ou ouvido. Parece que uma maneira fértil de ultrapassar as interpretações comuns e imprecisas, referentes ao período de meados do século 20, seria rever o panorama a partir de seus fatos básicos, para evitar reativar o viés ideológico dos discursos contrários à chamada tardo-modernidade, quebrando as amarras sustentadas por esses rótulos.

A arquitetura moderna brasileira dos anos 1935-1960, ou melhor, a arquitetura da escola carioca, foi por boas razões aclamada, no período imediato após a Segunda Guerra, e sua difusão internacional teve oportuna repercussão, ampliada pelo vácuo daquele momento de reconstrução. Ao se tornar mundialmente famosa permaneceu, paradoxalmente, refém de uma narrativa mítica: como uma exceção inexplicável, como um estilo *barroco moderno* extravagante, como uma exceção nascida da genialidade e do acaso. Essa narrativa congelada tem sido amplamente revisada por vários autores brasileiros e estrangeiros, que vêm consistentemente compondo um panorama mais amplo, mas também menos superficial. De qualquer modo, o prestígio obtido no exterior pela escola carioca repercutiu em casa através da amplificação de sua importância e influência dentro do país. Após 1945, ela começa a ser aceita no país como a principal corrente da tendência moderna, situação que ajudou a garantir sua predominância nominal pelo menos até a construção de Brasília (1957-1960).

No início dos anos 1950, no Brasil e em todo o mundo, arquitetos e suas obras revelam uma aparente e notável homogeneidade de opiniões e projetos, aparentemente sinalizando o triunfo dos ideais modernos, como definidos e proclamados pelos críticos orgânicos do movimento moderno. Mas sob a aparência exterior de feliz uníssono, várias e profundas divergências estavam ocultas, diferentes referências estavam sendo empregadas, atitudes e objetivos distintos estavam em jogo.[18] Toda essa situação engendrava muitas correntes ocultas que germinariam somente nas décadas seguintes, quando as divergências se tornariam mais claras; mas então, não podem ser totalmente explicadas a não ser que se olhe, com olhos atentos, para o que estava oculto na aparente unanimidade anterior.

Segundo Carlos Eduardo Dias Comas,[19] os anos de 1935-1945 representaram a consolidação da escola carioca e a década seguinte a disseminação de suas lições para outras regiões do Brasil. Mas já em finais dos anos 1940 e no início dos anos 1950, no Brasil e no exterior, inicia-se uma dissensão crescente, interna e externamente, contra alguns dos seus traços mais imaginativos. Embora a maior parte dessas críticas possa ser vista hoje como enviesada e preconceituosa, na época algum substrato permaneceu. E convenientemente, ajudou a reforçar e assegurar o *mood* particular paulista em favor de uma arquitetura mais seca, simplificada e orientada para engenharia – em contraste com a arquitetura carioca, aparentemente mais livre, hedonista e formalista. Ao mesmo tempo, no início dos anos 1950, alguns arquitetos da escola carioca já haviam começado a mudar sua linguagem e a explorar novos caminhos, seja nos exemplos de volumetria mais simples e direta desenvolvidos por Oscar Niemeyer para o conjunto do Parque Ibirapuera (1951-1953); seja no exemplo de Affonso Eduardo Reidy do uso precoce de grandes estruturas de concreto aparente, como na Escola Fundamental Brasil-Paraguay (Assunção, Paraguai, 1952), e na sede do Museu de Arte Moderna – MAM-RJ (Rio de Janeiro, 1953), ambos trabalhos de linguagem brutalista com grandes pórticos transversais externos em concreto aparente.

Aparecendo no cenário mais ou menos ao mesmo tempo, a ascendente tendência brutalista paulista, apoiada por uma nova geração de talentosos arquitetos locais com a oportuna aliança de alguns mestres mais velhos, começa a virar o jogo do prestígio. Após algumas obras especiais dispersas ao longo dos anos 1950, a tendência se expande exponencialmente nos anos 1960 e vai assumir uma posição de destaque dentro do panorama arquitetônico brasileiro. Mas então, como hoje, a comunidade arquitetônica nacional nunca chega a totalmente aceitar pacificamente tal predomínio, mesmo quando sua influência era aceita e disseminada para outras regiões e arquitetos, alcançando um auge em meados dos anos 1970.

Após 1961, algumas dessas obras começam a ser rotuladas como brutalistas; título partilhado, mas não necessariamente aceito, por outros arquitetos e obras no Brasil e em outros países do mundo. Mas podem haver bons motivos para esse rótulo ter sido posto, principalmente a notável semelhança e similar cronologia entre todas as assim chamadas obras brutalistas, não importando onde estivessem. Em quase todos os países podem ser encontrados alguns poucos exemplos brutalistas significativos nos anos 1950; pode-se observar um crescendo virtuoso dessas obras nos anos 1960; nos anos 1970, em toda parte, começa a haver uma repetição reiterativa e um agigantamento de suas fórmulas, rapidamente exaurindo o impulso criativo inicial resultando em uma atitude de maneirismo estilizado. Este último momento foi, com boas razões, muito desprezado pelas revisões críticas dos anos 1980, que preferiram tudo repudiar – e por conta dos piores exemplos brutalistas acabaram ignorando os melhores.

Mesmo aceitando o nome brutalismo como um rótulo apropriado para reunir visualmente diferentes obras espalhadas pelo Brasil e pelo mundo, ainda assim é questionável classificar esse conjunto como um movimento, já que não necessariamente todas essas obras, ou seus autores, compartilham um ponto de vista homogêneo em sentido ético, ou moral, ou político. Não obstante, esse conjunto certamente pode ser percebido como um *quase-estilo*, pois talvez o único vínculo entre todas as obras brutalistas seja aquilo que se vê do ponto de vista predominantemente estético e plástico.

Em seu livro tardio e altamente controverso sobre o brutalismo (1966), Banham se esforça por incluir exemplos de diferentes países, embora mencione somente uma obra latino-americana, destacando um exemplo chileno, mas sem incluir obras brutalistas do México, Argentina e Brasil, que poderiam, perfeitamente, ser usadas, já naquele momento, em seus variados exemplos da conexão brutalista.

A ausência de um reconhecimento internacional para o status e importância da arquitetura brasileira paulista brutalista dos anos 1957-1975 naquele momento, e até muito recentemente, combina com uma similar falta de reconhecimento interno, e sua importância só será trabalhada após o aparecimento de uma nova geração de críticos, a partir das últimas duas décadas do século 20.

Mas se a existência e importância do brutalismo paulista passa a ser reconhecida, isso não acontece somente por necessitar de registro histórico, mas pela real qualidade dos edifícios que podem ser aí incluídos. Como a maioria deles ainda está em uso, e sua manutenção e transformação são alvo de vários debates, seu status como exemplo de patrimônio moderno deve ser assegurado, de maneira a garantir a continuidade de preservação desse patrimônio.

Perdido na terra de ninguém historiográfica entre a clássica escola carioca moderna e a arquitetura brasileira neomoderna contemporânea, o brutalismo brasileiro – e principalmente, mas não exclusivamente, suas experiências paulistas – pode ser visto como uma espécie de *elo perdido* – e não é o único elo dessa cadeia. Mas não basta elogiar alguns de seus criadores, pois isso apenas dá continuidade ao mesmo e congelado cenário historiográfico. Além disso, o brutalismo não é a única parte da história que falta: para uma revisão mais completa seria necessário reconhecer a existência de uma multiplicidade de outras tendências simultâneas e uma ampla gama de nomes e contribuições, em vários lugares do Brasil. Mas certamente já se pode afirmar que a tendência brutalista paulista dos anos 1950-1970 é, com certeza, uma contribuição seminal. E que, para melhor ou para pior, boa parte da arquitetura brasileira contemporânea deriva tanto da tendência carioca como da paulista e talvez, até mais da segunda.

Paradoxalmente, apesar do reconhecimento da arquitetura brutalista paulista implicar em uma notável mudança e numa necessária renovação do panorama historiográfico arquitetônico brasileiro, seus principais protagonistas, durante as primeiras décadas de sua consolidação e expansão, escolheram omitir sua própria evidente insatisfação com seus predecessores e afirmando total aliança política com eles. Essa perigosa mistura de discurso político e arquitetônico foi bastante complicada pelos impactos negativos da ditadura civil-militar do Brasil após 1964. Mesmo se as obras paulistas brutalistas estivessem de fato questionando certos paradigmas da primeira modernidade brasileira, seus autores não se sentem à vontade para declarar isso. Parecem preferir não instaurar um rompimento com a identidade da arquitetura moderna brasileira, entendida de maneira fixa, definida e congelada, com a ajuda de narrativas internas e do exterior, especialmente num momento (1960-1970) quando parecia necessário que os arquitetos estivessem profissionalmente unidos para confrontar a adversa situação política. A circunstância dessa crise disciplinar arquitetônica ter coincidido no tempo com um momento político ruim resultou em um ônus negativo do qual ainda não nos recuperamos. Mas após meio século, e superada a situação política hostil daquele momento, a manutenção de um discurso unívoco de identidade nacional da arquitetura moderna brasileira, que marcou fortemente a arquitetura e os arquitetos brasileiros, não é mais nem satisfatória, nem aceitável.[20]

Notas

NE. Publicação anterior do texto: ZEIN, Ruth Verde. Brazilian Architecture, Modern Tradition, Contemporary Culture. Other Brazilian Modernities of the 1950-70's. In LIM, William; CHANG, Jiat-Hwee (Org.). *Non West Modernist Past: on Architecture & Modernities*. Cingapura, World Scientific, 2011, p. 169-180. Tradução para o português de Anita Di Marco.

1. GIEDION, Sigfried. *Space, Time and Architecture. The Growth of a New Tradition*. Cambridge, Harvard University Press, 1941.

2. As recentes publicações internacionais devem muito a estudos brasileiros locais que foram mantidos e publicados em português desde 1980 até hoje; de fato, não poderiam existir sem a base dos debates da cultura local. Tais obras são muito convenientes para divulgar mais a arquitetura brasileira no exterior, quebrando o jejum para leitores de língua inglesa. Mas nem sempre representam necessariamente a ponta inovadora da crítica local.

3. Uma tentativa um pouco mais abrangente foi realizada no nosso livro: BASTOS, Maria Alice Junqueira; ZEIN, Ruth Verde. *Brasil: arquiteturas após 1950*. São Paulo, Perspectiva, 2010.

4. O tema é mais explorado em: ZEIN, Ruth Verde. Report on Brazil. In HEERLE, Peter; SCHMITZ, Stephanus (Orgs.). *Constructing Identity in Contemporary Architecture. Case Studies from the South*. Munster, LIT Verlag, 2009, p. 37-86.

5. Para maiores considerações sobre esse tema ver: BASTOS, Maria Alice Junqueira. Pós-Brasília, rumos da arquitetura brasileira. São Paulo, Perspectiva, 2002; BASTOS, Maria Alice Junqueira; ZEIN, Ruth Verde. Op. cit.

6. A tarefa de propor uma visão ampla e coordenada da arquitetura brasileira da segunda metade do século 20 também foi realizada pela autora em livro recém-publicado: BASTOS, Maria Alice Junqueira; ZEIN, Ruth Verde. Op. cit.

7. O levantamento internacional realizado a partir de 2011 compreende a visita, fotografia e estudos de mais de duzentas obras brutalistas, com ênfase não exclusiva em todo o continente americano.

8. As demonstrações factuais de todas as afirmações aqui exaradas foram plenamente realizadas com todo o rigor acadêmico na tese de doutoramento da autora, junto com citações de todas as fontes consultadas, de periódicos, diários e livros até as mais recentes críticas. Por brevidade e leveza, não foram reproduzidas aqui, mas podem ser consultadas em: ZEIN, Ruth Verde. *A arquitetura da escola paulista brutalista 1953-1973*. Orientador Carlos Eduardo Dias Comas. Tese de doutorado. Porto Alegre, UFRGS, 2005 <https://bit.ly/3Nexicy>.

9. Livros recentes ainda insistem na repetição das mesmas velhas histórias, mostrando total falta de entendimento da disseminação internacional e da importância do brutalismo fora da Grã-Bretanha e em outros lugares, insistindo no mito insustentável de sua origem e precedência local, principalmente britânica. Apesar de seu interesse como estudo de caso local, suas conclusões, não podem ser rapidamente extrapoladas para abarcar todo o campo; dessa forma, eles perpetuam as desinformações, nascidas da ignorância, falta de pesquisas mais profundas e, finalmente, prepotência eurocêntrica. Este é o caso, por exemplo, de: CLEMENT, Alexander. *Brutalism. Post-War British Architecture*. Rambsbury, Crowood Press, 2010.

10. Ver: BANHAM, Reyner. The New Brutalism. *Architectural Review*, v. 118, n. 708, dez. 1955; BANHAM, Reyner. *The New Brutalism. Ethic or Aesthetic?* Londres, Architectural Press, 1966.

11. STIRLING, James. Regionalism and Modern Architecture. *Architect's Year Book*, n. 7, 1967, p. 62-68. Reproduzido em: OCKMAN, Joan (Org.). *Architecture Culture 1943-1968. A Documentary Anthology*. Nova York, Rizzoli, 1993, p. 242-248.

12. BANHAM, Reyner. *The New Brutalism. Ethic or Aesthetic?* (op. cit.), p. 135.

13. Esta afirmação se baseia no amplo levantamento internacional citado (BASTOS, Maria Alice Junqueira; ZEIN, Ruth Verde. Op. cit.) e que segue em andamento, consultando publicações da época, tendo acesso a plantas originais em bibliotecas e arquivos.

14. Principalmente devido a problemas de manutenção, custos iniciais exagerados e mau desempenho ambiental. Em defesa desses edifícios, pode-se dizer que tendiam a ser experimentais, e em consequência, mais sujeitos a problemas anteriormente desconhecidos. É importante corrigir estes erros, mas isso não significa que se despreze indiscriminadamente todos os edifícios brutalistas por conta dos piores exemplos.

15. CURTIS, William. *Modern Architecture since 1900*. Londres, Phaidon, 1996, p. 602. Edição em português: CURTIS, William. Arquitetura moderna desde 1900. 3a edição. Porto Alegre, Bookman, 2008, p. 602.
16. Idem, ibidem, p. 434.
17. GOLDHAGEN, Sarah; LEGAULT, Réjéan. *Anxious Modernisms. Experimentation in Postwar Architectural Culture*. Quebec, Canadiana Centre for Architecture/MIT, 2000.
18. Idem, ibidem.
19. COMAS, Carlos Eduardo Dias. *Precisões brasileiras. Sobre um estado passado da arquitetura e urbanismo modernos*. Orientador Philippe Panerai. Tese de doutorado. Saint-Denis, Université de Paris VII, 2002.
20. Como uma nota curta, vale lembrar algumas das melhores obras brutalistas paulistas e seus autores. A partir de 1957, o brutalismo paulista contribuiu à arquitetura brasileira com várias obras importantes. No início dos anos 1950, os arquitetos João Batista Vilanova Artigas (1915-1984) e Carlos Cascaldi (1918-2010), gradualmente, começaram a usar estruturas de concreto aparente, tais como no Estádio do Morumbi (1952), em São Paulo, ou na residência Olga Baeta (1956), também em São Paulo. Assim como Artigas, outros arquitetos maduros daquele momento começaram a adotar a linguagem brutalista em suas obras, do final dos anos 1950 em diante: assim como a arquiteta Lina Bo Bardi (1914-1992), ao projetar o Museu de Arte de São Paulo – Masp (1958-1961); Fabio Penteado (1928-2011), na sede do Clube Harmonia (1964); Carlos Barjas Millan (1927-1964), na Residência Roberto Millan (1960); Telésforo Cristófani (1929-2003), no restaurante vertical Fasano (1964) e Hans Broos (1921-2011), no Centro Paroquial São Bonifácio (1965). Uma nova geração de arquitetos recém-formados começa a carreira contribuindo para a consolidação da face paulista do brutalismo no final dos anos 1950. Nomes como Paulo Mendes da Rocha (1928-2021), no Clube Paulistano (1958); Joaquim Guedes (1932-2008), na Residência Cunha Lima (1959); Francisco Petracco (1935-) e Pedro Paulo de Mello Saraiva (1933-2016) no Clube XV em Santos (1963); Paulo Bastos (1936-2012), no Quartel General de São Paulo (1965); novamente Pedro Paulo de Mello Saraiva com Sami Bussab (1939-) e Miguel Juliano e Silva (1928-2009), com o Salão do Clube Sirio-Libanês (1966); Ruy Ohtake (1938-2021) na Residência Tomie Ohtake (1966) e na Central Telefônica de Campos do Jordão (1973); João Walter Toscano (1933-2011), no Balneário em Águas da Prata SP (1969); entre muitos outros.

Arquitetura contemporânea da América Latina
Bom senso e idealismo

A América Latina é quase um continente,[1] abrangendo três dezenas de países e uma grande variedade de realidades culturais, políticas e geográficas. Portanto é tarefa muito difícil escolher apenas um edifício para representar a diversidade e complexidade de sua arquitetura contemporânea, como foi solicitado pelos organizadores do seminário do Comitê Internacional de Críticos de Arquitetura – Cica Shanghai 2015. Certamente seria fácil escolher um edifício importante, entre tantos outros já publicados em algumas das principais revistas e websites internacionais, para representar nosso subcontinente. Mas em vez disso preferi selecionar uma obra arquitetônica pequena, discreta e talvez menos conhecida: a sede do Projeto Viver, em São Paulo, Brasil. Creio ter sido uma boa escolha. Entre outros motivos, porque me permite apresentar certos debates contemporâneos significativos e de interesse, que permeiam as condições constantemente mutáveis de nossas realidades urbanas e arquitetônicas na América Latina – e que talvez também ocorram em outros lugares do mundo.

Em 2014, o edifício do Projeto Viver ganhou um prêmio de arquitetura muito importante. Trata-se do "Prêmio Latino Americano de Arquitetura Rogelio Salmona: espaços abertos/ espaços coletivos". Criado em 2013 pela Fundação Rogelio Salmona, com sede em Bogotá, Colômbia, o prêmio é ainda pouco conhecido fora do continente, mas espera-se um aumento exponencial de sua importância e aceitação na próxima década. Mas antes de descrever como esse prêmio foi criado e como a escolha dos participantes e vencedores está sendo organizada, é necessário explicar quem foi o arquiteto Rogelio Salmona (1929-2007).

Nascido na França, sua família emigrou para a Colômbia quando ele era muito jovem. Sua excelente habilidade para projetar e seu talento superior foram reconhecidos precocemente, sendo ele indicado para trabalhar com Le Corbusier em seu plano para Bogotá quando era ainda estudante de arquitetura. Em 1948, ele se mudou para Paris e entrou para o atelier de Le Corbusier, na rue de Sèvres. Viveu na França por uma década, tendo viajado por toda a Europa e além. Quando voltou à Colômbia em 1958, suas obras mostravam uma abordagem pessoal crítica, permeada por um apreço pelas necessidades locais e recursos de cada região e contexto urbano. Sua atitude projetual estava em sintonia com a de outros criadores latino-americanos de sua geração como Eladio Dieste, no Uruguai, ou Carlos Mijares no México, considerados por algumas revisões historiográficas da arquitetura da América Latina como representando outra tendência moderna, a modernidade *apropriada*.[2] Críticos e historiadores reconhecem Salmona como um dos mais importantes arquitetos da terceira geração de arquitetos modernos da América Latina. Salmona acreditava intensamente que o projeto de qualquer obra arquitetônica deveria ser tratado como uma oportunidade para enriquecer a qualidade de vida das cidades. Suas obras sempre buscavam incluir espaços públicos abertos que contribuíssem positivamente para uma cidade mais amistosa e democrática.

Após seu falecimento, a Fundação Rogelio Salmona vem se encarregando de preservar o seu legado; para celebrar sua memória, lançou também o "Prêmio Latino Americano de Arquitetura Rogelio Salmona: espaços abertos/espaços coletivos", de recorrência bienal, sendo o primeiro outorgado em 2014 e segundo em 2016.[3] A missão do prêmio é identificar, reconhecer e estimular a disseminação de boas práticas arquitetônicas em cidades da América Latina e do Caribe, valorizando edifícios de alta qualidade que também gerem espaços de convívio abertos e coletivos, significativos para a cidade e seus habitantes, assim contribuindo para o desenvolvimento e consolidação de espaços urbanos mais inclusivos.

Uma característica singular desse prêmio é que ele é atribuído a edifícios com pelo menos cinco anos de funcionamento, e ainda estejam com uso adequado no momento da seleção para a competição. O prêmio é oferecido tanto a edifícios públicos como privados, desde que se destaquem pela qualidade e generosidade de seu projeto. Edifícios de qualquer programa, dimensão ou escala podem ser indicados para o prêmio se o partido ou a concepção do projeto tiver procurado incluir espaços coletivos abertos duradouros e estimulantes. Os edifícios indicados ao prêmio devem estar em uso, evidenciando claramente como seus espaços arquitetônicos estão de fato estimulando a reunião de cidadãos. Em suma, o propósito do prêmio é celebrar edifícios que estejam colaborando para a melhoria de seus respectivos ambientes urbanos, e fazendo-o de forma respeitosa: reconhecendo e valorizando seu lugar, o ambiente arquitetônico circundante e a vida urbana do entorno.

O Prêmio Salmona não é uma competição aberta, embora qualquer pessoa possa apresentar sugestões no website da Fundação. Os edifícios são selecionados por uma comissão internacional de especialistas, constituída por quatro membros representando as quatro principais regiões da América Latina e auxiliados por suas respectivas equipes locais, após cuidadosa avaliação da informação disponível sobre a arquitetura contemporânea de suas regiões. Em 2014, a cofundadora do Cica, a crítica de arte e de arquitetura mexicana Louise Noelle, representou a região da América Central e do Caribe. A historiadora e crítica de arquitetura colombiana Silvia Arango, uma das fundadoras dos Seminários América Latina – SAL, representou os países andinos da América do Sul. O editor da revista *Summa+* e crítico de arquitetura Fernando Diez, também membro do Júri Internacional Prêmios Holcim, representou os demais países da América do Sul. E eu fui encarregada da seleção de obras da assim chamada quarta região, meu país, o Brasil.[4]

Na primeira edição do prêmio, devido aos esforços combinados dos especialistas da comissão internacional e respectivas equipes locais, mais de uma centena de edifícios construídos entre 2000 e 2008 foram cuidadosamente considerados, estudados e visitados. 21 edifícios da Argentina,

Chile, Colômbia, Bolívia, Brasil, Equador, México, Peru, Porto Rico e Venezuela foram selecionados para o Prêmio Salmona de 2014. Os autores foram contatados pela Fundação e aqueles que concordaram em participar enviaram material gráfico para organizar uma exposição e um livro, que agora circula pela América Latina. O júri final incluía os quatro especialistas já mencionados da comissão internacional mais um quinto jurado, para nos dar uma muito necessária perspectiva estrangeira. No Prêmio Salmona de 2014, o jurado convidado foi o arquiteto japonês Hiroshi Naito. Após cuidadoso reexame de todos os candidatos e três dias de intensos debates, o júri decidiu atribuir o prêmio e mais três menções honrosas.

Inicialmente, pensei ser um desafio talvez impossível encontrar edifícios bem projetados, contextualmente significativos e com boa manutenção, situados na América Latina e aptos a preencher os requisitos do prêmio. Mas, surpreendentemente, não foi tão difícil.[5]

É muito cedo para dizer, mas tudo indica que a tarefa de encontrar edifícios aptos a concorrer ao prêmio vai se tornar progressivamente mais fácil, com o passar dos anos. Talvez uma tendência esteja crescendo entre as/os arquitetas/os, jovens e experientes da América Latina: a de buscar contribuir para a produção de espaços abertos e coletivos significativos para as nossas cidades do século 21. Talvez seja apenas um sonho. Mas espero que essa previsão otimista esteja correta e que o *clima urbano de* nossas cidades esteja prestes a mudar para melhor nas próximas décadas. E isso, apesar das crises e dificuldades de toda ordem, que afetam, como sempre afetaram, nosso subcontinente – ou, talvez, por causa delas.

Considerando a grande diversidade de situações e modalidades que podem estar incluídas na aparentemente simples ideia de *arquitetura que ajuda a fazer/criar cidade* – um rumo conciso que, de modo hábil, resume a intenção e atributo do prêmio – a principal dificuldade que nós,

membros da comissão internacional, encontramos, foi como melhor entender e selecionar os exemplos significativos.
Para nós ficou claro que não estávamos lidando com a ideia europeia de cidade tradicional. Tentamos entender, trabalhar e, se possível, apreciar nossas cidades latino-americanas como elas são – sem o ônus de pesadas sombras de fantasmas conceituais anacrônicos, inadequados para o entendimento correto de nossas realidades. Como sabemos, as cidades latino-americanas são organismos relativamente novos, de dimensões variadas, com enormes contrastes, taxativas justaposições de escalas e estilos, incongruências formais e econômicas, informalidades e descontinuidades, com vastos problemas ambientais e sociais por um lado, e tremendos poderes especulativos e financeiros dominando a área, por outro. Esta complexa e difícil mescla resulta em um conjunto aparentemente desequilibrado, de apreensão racional muito difícil e de solução coordenada mais difícil ainda. Por isso, se observarmos nossas cidades com um olhar apressado ou enviesado, tendemos a nos chocar e percebê-las apenas como um conjunto amorfo de objetos desinteressantes, distópicos e feios, isolados por detestáveis vazios de permeio feitos de destroços de tecidos urbanos não consolidados. E se assim for, haveria espaço para encontrar bons e significativos edifícios contemporâneos a serem considerados sob o lema *arquitetura que ajuda a fazer/criar cidade*?

Surpreendentemente, sim, havia. No Brasil e na América Latina, foi possível identificar um número talvez relativamente pequeno (considerando o enorme tamanho de nossas cidades), mas ainda assim significativo, de edifícios excepcionais, que mereciam ser mais cuidadosamente examinados e considerados para o Prêmio Salmona. Alguns desses edifícios nasceram de importantes esforços governamentais; outros, de iniciativas de agências não governamentais; vários outros, de generosas iniciativas privadas. Alguns desses edifícios já haviam sido bem divulgados internacionalmente; muitos outros eram exemplos mais discretos, pouco conhecidos, mas muito interessantes, projetados com enormes doses de bom senso, temperados com uma pitada de idealismo. Alguns estavam inseridos em parques de prestígio e espaços públicos consolidados; outros estavam em áreas centrais e bairros densos; outros nas amplas e precárias periferias das metrópoles. Alguns haviam sido construídos contando com grandes orçamentos; outros foram erguidos com grande economia de meios e recursos. Todos pontuavam aleatoriamente suas respectivas cidades. De todo modo, as obras selecionadas eram também, ou posso dizer, sobretudo, obras arquitetônicas de muita qualidade, já que seus atributos estéticos não eram, de modo algum, um aspecto secundário para o critério de seleção.

Cada um desses edifícios foi projetado por arquitetas e arquitetos de várias e diferentes gerações que trabalham em diferentes áreas de nosso grande subcontinente. Todos os autores pareciam ter apostado sobre a possibilidade de suas cidades virem a experimentar algumas boas consequências em virtude dos espaços abertos propiciados por seus edifícios, mesmo quando afetavam a cidade em muito pequena escala. Estas obras, e às vezes também os discursos de suas e seus autores, pareciam querer acreditar que um bom projeto arquitetônico, uma arquitetura que faz cidades, pode ser capaz de contaminar para melhor, mesmo que apenas um pouco, influindo e transformando seus lugares.

Mesmo se de forma discreta, todos os exemplos colhidos pelos esforços dos representantes do Prêmio Salmona parecem ainda conter uma quase extinta chama da utopia. Parece estranho trazer de novo essa palavra aparentemente desgastada. Mas não quero que utopia signifique aqui algo fixo, ou um conjunto de ideias fechadas, com poderes mágicos para súbita e completamente mudar, para todo o sempre, a arquitetura, as cidades e seus habitantes. A palavra utopia representa aqui uma vontade mais simples e modesta. É usada apenas para melhor caracterizar uma condição desafiadora: a crença de que ainda há possibilidades de transformar o mundo para melhor; mesmo se pontualmente, mesmo se somente nas cercanias, mesmo se apenas em doses minúsculas; e que a arquitetura também pode influir nessa possível mudança. Esta, quero crer, é exatamente também a vontade que moveu, primordialmente, os organizadores do Prêmio Rogelio Salmona.

Fiquei muito surpresa quando, após dois dias de debates, os membros do júri da primeira edição de 2014 do Prêmio Salmona gradualmente começaram a considerar escolher um edifício brasileiro como ganhador. Apesar de eu considerar esse edifício um belo exemplo de arquitetura, confesso que inicialmente não era meu favorito, mas sim os exemplares chilenos. Entretanto, durante os interessantes debates do júri, ao aprender com as opiniões e questionamentos de cada colega, minha posição gradualmente mudou. No final, o conjunto dos membros do júri decidiu que seria melhor que a primeira edição do Prêmio Salmona não fosse outorgado a um exemplo de grande escala, mas atribuído a um exemplo modesto e independente. Foi assim que escolhemos o edifício do Projeto Viver, em São Paulo, projetado pelo escritório FGMF Arquitetos.[6]

Seria muito interessante considerar cuidadosamente todos os vinte edifícios selecionados para o Prêmio Salmona de 2014; ou, pelo menos, as três menções honrosas.[7] Mas como o espaço aqui é limitado, vou me ater somente ao vencedor. Seria ótimo considerar todos, porque uma cuidadosa consideração de todos os demais edifícios participantes ajudaria melhor a preparar o terreno para entender plenamente o edifício do Projeto Viver. Entre outros motivos, porque gostaria que o edifício não fosse visto apenas como uma obra arquitetônica isolada. Além de ver o edifício em si, ele precisa ser entendido com um sentido mais amplo: como signo de como as cidades latino-americanas do século 21 podem ser pensadas e uma sugestão sobre como se pode agir para modificá-las. Se bem se trate de apenas um edifício, que não tem a pretensão de conter uma fórmula única e abrangente de mudança, entretanto ele também contém uma proposta ampla: a de que em nossas cidades semiconsolidadas, às vezes precisamos pensar pequeno para pensar grande. Para observar bem este edifício – e nossas cidades latino-americanas – pelo que são e pelo que podem ser, devemos soltar as amarras das ideologias europeias dos séculos anteriores e nos despir de todos os preconceitos mesquinhos. De várias maneiras, este modesto edifício representa um futuro possível e fértil – mas precisamos renovar nosso olhar para perceber isso plenamente.

O edifício do Projeto Viver está situado no bairro do Morumbi em São Paulo, uma área que abriga, lado a lado, tanto mansões e condomínios de luxo como habitações populares e favelas informais. Foi projetado para atender à população desfavorecida da comunidade (favela) do Jardim Colombo. Abriga as atividades de uma organização não governamental chamada "Viver em Família", cuja missão é ajudar no desenvolvimento humano da comunidade. O lote de 30m x 50m era a última área disponível na região, e havia sido usado anteriormente como área ilegal para despejo de lixo. Apesar da condição insalubre, era diariamente cruzado pelos residentes da favela para acesso às ruas internas do bairro, e precariamente usado como local de convívio para jogar futebol e realizar outros eventos sociais da comunidade. Desde o início, a equipe de arquitetos do edifício Projeto Viver reconheceu o melhor lado dessas características, procurando manter o terreno aberto para livre passagem e lazer dos vizinhos. O primeiro passo para definir o partido foi reprojetar adequadamente os acessos preexistentes para veículos e pedestres. Em vez de declives em um terreno irregular, o projeto definiu uma praça com vários níveis, mantendo a viela entre rua pública e favela. O centro do terreno não é ocupado por construções e pode ser livremente usado para descanso, contemplação, jogos infantis etc., transformando-se em arquibancadas para espetáculos ao ar livre.

O programa funcional foi dividido em dois volumes: um pavilhão longitudinal colocado junto ao limite Oeste do lote; um segundo pavilhão colocado transversalmente nos fundos, erguido sobre pilotis para não cortar a passagem dos moradores. A disposição dos dois pavilhões define os vazios resultantes enquanto espaços coletivos/abertos, organizados em dois setores: junto à rua, o acesso em arquibancada/degraus a um pátio aberto, com uma quadra poliesportiva no trecho plano posterior. A área sob os pilotis do pavilhão transversal faz a transição entre ambos e pode ser usada como uma varanda coberta, para múltiplas atividades programadas e/ou informais. No andar suspenso do pavilhão transversal há salas multiuso para aulas, reuniões e usos administrativos, e uma pequena biblioteca. No subsolo, abaixo do nível dos pilotis, há um porão com vestiários e depósitos usados pelos jogadores e/ou como instalação comunitária para banhos, cuja gestão é organizada pela associação de moradores do bairro. O pavilhão longitudinal abriga, no nível térreo, recepção, casa do zelador e oficina multidisciplinar com uma grande porta basculante que abre os interiores para os espaços externos coletivos, quando necessário. No andar superior, há salas compactas para atendimento médico, dentário, jurídico e psicológico, com uma sala de espera. De frente para a rua, há uma cozinha experimental usada para cursos, aberta à comunidade, e uma pequena loja voltada para a rua, possibilitando a venda de artigos ali produzidos. A cobertura organiza-se em terraço-jardim com uma sala de brinquedos para crianças pequenas, sendo aberta para atividades supervisionadas como jardinagem, yoga etc. Os dois pavilhões estão conectados por passadiços elevados e as salas nos andares superiores, especialmente as destinadas à comunidade, são bem abertas e transparentes, sinalizando que todos são bem-vindos e dissipando a possível desconfiança inicial da comunidade em relação ao Projeto Viver, logo que a sede foi ocupada. Enfim, essa é a disposição dos espaços do projeto inicial. Mas os ambientes foram criados para serem altamente flexíveis, de modo que hoje, após alguns anos de uso, certas atividades deram lugar a outras, conforme foram mudando as necessidades da entidade e da comunidade.

A estrutura do prédio é muito simples, em concreto armado, com fechamentos em blocos de concreto. As esquadrias metálicas das janelas são protegidas por brises de aço galvanizado, ou por elementos metálicos que podem ser fechados para escurecer o interior das salas durante aulas diurnas. As escadas e passarelas metálicas empregam um sistema de malha metálica expandida, assim como a porta da oficina e as placas perfuradas que fecham a casa do zelador. A construção do edifício intencionalmente emprega materiais simples e regulares, comumente usados nos bairros mais pobres da cidade, como blocos de concreto e cacos cerâmicos, dispostos de modo algo diferente e inovador: o edifício integra-se ao entorno sem imitá-lo, propondo sua requalificação técnica e estética.

Finalmente, algumas palavras sobre os autores. Em 2000, os então jovens arquitetos Fernando Forte, Lourenço Gimenes e Rodrigo Marcondes Ferraz fundaram a FGMF Arquitetos, e desde então seu escritório tem mostrado um crescimento sólido. Este edifício foi projetado quando os três arquitetos contavam apenas cinco anos de prática profissional. Hoje, quinze anos depois de iniciadas as atividades, a FGMF já desenvolveu 350 projetos.[8] Apesar desse número bastante grande, o escritório ainda é relativamente pequeno, procurando oportunidades de experimentação com diferentes escalas, materiais e demandas. Essa diversidade é buscada de maneira a manter um desempenho altamente investigativo, com uma gestão de negócios focada na excelência do projeto e na alta produtividade. Os autores dizem acreditar que a aceitação crítica do erro seja a chave para um bom processo de projeto. Seu comportamento antiformalista, ou *errático*, talvez seja o que os estimula a obter uma adaptabilidade inteligente, e os torna capazes de dar respostas específicas a cada diferente situação.

A América Latina é quase um continente. Seria absurdo pensar em representar de modo correto toda sua arquitetura contemporânea com apenas um edifício. Mas quem sabe esta pequena e discreta obra arquitetônica seja capaz de algo esclarecer sobre como é possível enfrentar, com galhardia, a pluralidade de nossas realidades urbanas arquitetônicas.

Notas

NE. Versão em inglês apresentada originalmente no Seminário Cica-Shanghai, dezembro 2015. Tradução para o português de Anita Di Marco.
1. O Brasil tem 8.516.000 km², cerca de 10% menor que a China (9.597.000 km²). A América Latina (incluindo a região do Caribe) é maior do que os dois países reunidos (21.070.000 km²).
2. BROWNE, Enrique. *Otra Arquitectura en America Latina*. México, Gustavo Gili, 1988; WAISMAN, Marina; NASELLI, Cesar. *10 Arquitectos Latinoamericanos*. Sevilha, Dirección General de Arquitectura Y Vivienda, 1989; TOCA, Antonio. *Nueva Arquitectura en America Latina: Presente y Futuro*. México, Gustavo Gili, 1990; LIERNUR, Jorge Francisco. *America Latina. Architettura, gli Ultimi Vent'anni*. Milão, Electa Editrice, 1990; COX, Cristian Fernandez; TOCA, Antonio. *America Latina: Nueva Arquitectura. Una Modernidad Posracionalista*. México, Gustavo Gili, 1998; SEGAWA, Hugo. *Arquitectura Latinoamericana Contemporánea*. México, Gustavo Gili, 2005.
3. Fundación Rogelio Salmona <https://bit.ly/3Jzgz2t>; Latin American Award <https://bit.ly/3po7D9l>.
4. Também fui representante do Brasil para a edição 2016 do Prêmio Salmona. Para o Prêmio de 2018, o Brasil será representado pelo arquiteto, professor e doutor Alexandre Ribeiro Gonçalves, que participou da equipe brasileira desde o começo da premiação.
5. A primeira edição do Prêmio abrangeu edifícios inaugurados entre 2000 e 2008. A edição do Prêmio de 2016 selecionou edifícios inaugurados entre 2008 e 2011. A edição de 2018 irá considerar os edifícios inaugurados até 2012, e assim por diante.
6. O escritório FGMF, arquitetos é formado pelos sócios Fernando Forte, Lourenço Gimenes e Rodrigo Marcondes Ferraz.
7. Mais as dezenove obras selecionadas para o Prêmio 2016, e assim por diante... Todas interessantes!
8. Até dezembro de 2015, quando este texto foi originalmente escrito. Os números naturalmente estão em permanente atualização.

Romano Guerra Editora

Editores
Abilio Guerra, Silvana Romano Santos e Fernanda Critelli

Conselho Editorial
Abilio Guerra, Adrián Gorelik, Aldo Paviani, Ana Luiza Nobre, Ana Paula Garcia Spolon, Ana Paula Koury, Ana Vaz Milheiros, Ângelo Bucci, Ângelo Marcos Vieira de Arruda, Anna Beatriz Ayroza Galvão, Carlos Alberto Ferreira Martins, Carlos Eduardo Dias Comas, Cecília Rodrigues dos Santos, Edesio Fernandes, Edson da Cunha Mahfuz, Ethel Leon, Fernanda Critelli, Fernando Luiz Lara, Gabriela Celani, Horacio Enrique Torrent Schneider, João Masao Kamita, Jorge Figueira, Jorge Francisco Liernur, José de Souza Brandão Neto, José Geraldo Simões Junior, Juan Ignacio del Cueto Ruiz-Funes, Luís Antônio Jorge, Luis Espallargas Gimenez, Luiz Manuel do Eirado Amorim, Marcio Cotrim Cunha, Marcos José Carrilho, Margareth da Silva Pereira, Maria Beatriz Camargo Aranha, Maria Stella Martins Bresciani, Marta Vieira Bogéa, Mônica Junqueira de Camargo, Nadia Somekh, Otavio Leonidio, Paola Berenstein Jacques, Paul Meurs, Ramón Gutiérrez, Regina Maria Prosperi Meyer, Renato Anelli, Roberto Conduru, Ruth Verde Zein, Sergio Moacir Marques, Vera Santana Luz, Vicente del Rio, Vladimir Bartalini

Nhamerica Platform

Editor
Fernando Luiz Lara

Sobre a autora

Ruth Verde Zein é arquiteta (FAU USP, 1977), mestre e doutora (UFRGS, 1999 e 2005) e pós-doutora (FAU USP, 2008). Recebeu o Prêmio Capes Teses 2006. É professora e pesquisadora da FAU Mackenzie. É autora de diversos livros, sendo os mais recentes: *Brasil: arquiteturas após 1950* (em coautoria com Maria Alice Junqueira Bastos, Perspectiva, 2010) e *Brutalist Connections: What They Stand For* (Altamira, 2014), *Leituras críticas* (Romano Guerra/Nhamerica, 2018), *Critical Readings* (Romano Guerra/Nhamerica, 2019; e-book, 2020) e *Revisões historiográficas: arquitetura moderna no Brasil* (RioBooks, 2021, e-book; 2022).

A reprodução ou duplicação integral ou parcial desta obra sem autorização expressa do autor e dos editores se configura como apropriação indevida dos direitos intelectuais e patrimoniais do autor.

Romano Guerra Editora
Rua General Jardim 645 cj 31
01223-011 São Paulo SP Brasil
rg@romanoguerra.com.br
www.romanoguerra.com.br

Nhamerica Platform
807 E 44th st,
Austin, TX, 78751 USA
editors@nhamericaplatform.com
www.nhamericaplatform.com

Imagens da capa
Sede do Anhembi Tênis Clube, São Paulo SP, 1961, arquitetos João Baptista Vilanova Artigas e Carlos Cascaldi. Desenho da autora.

**Pensamento da
América Latina**
Romano Guerra Editora
Nhamerica Platform
Coordenação geral
Abilio Guerra
Fernando Luiz Lara
Silvana Romano Santos

Leituras críticas
Ruth Verde Zein
Brasil 5
Organização
Abilio Guerra
Fernando Luiz Lara
Silvana Romano Santos
Coordenação editorial
Abilio Guerra
Fernanda Critelli
Fernando Luiz Lara
Silvana Romano Santos
Projeto gráfico e diagramação
Dárkon V Roque
Pré-impressão
Jorge Bastos
Revisão de texto
Noemi Zein Telles
Gráfica
Geográfica

© Ruth Verde Zein
© Romano Guerra Editora
© Nhamerica Platform
2ª edição, 2023

Edição traduzida para o inglês
Critical Readings
Ruth Verde Zein, 2018
ISBN: 978-85-88585-77-5
(Romano Guerra)
ISBN: 978-1-946070-22-7
(Nhamerica)

Formato ebook
Leituras críticas
Ruth Verde Zein, 2020
ISBN: 978-85-88585-82-9
(Romano Guerra)
ISBN: 978-1-946070-21-0
(Nhamerica)

Critical Readings
Ruth Verde Zein, 2020
ISBN: 978-85-88585-83-6
(Romano Guerra)
ISBN: 978-1-946070-23-4
(Nhamerica)

Zein, Ruth Verde
Leituras críticas
Ruth Verde Zein

2ª edição São Paulo, SP:
 Romano Guerra;
2nd edition Austin, TX:
 Nhamerica Platform
 2023
240 p. il.
(Pensamento da América Latina:
Brasil, 5)

ISBN 978-65-87205-26-7
Romano Guerra
ISBN 978-1-946070-55-5
Nhamerica

1. Arquitetura moderna – crítica
2. Arquitetura moderna –
 América Latina
I. Guerra, Abílio, org.
II. Lara, Fernando Luiz, org.
III. Santos, Silvana Romano, org.
 IV. Título
 V. Série

CDD 724.973

Ficha catalográfica elaborada pela
bibliotecária Dina Elisabete Uliana –
CRB-8/3760

Este livro foi composto em Rotis Semi
Sans e impresso em papel offset 90g,
couché 115g e supremo 250g pela
Geográfica